딸 바보 예수 바보

초판 1쇄 | 2024년 12월 3일
지 은 이 | 강학종
펴 낸 이 | 이한민
펴 낸 곳 | 아르카

등록번호 | 제307-2017-18호
등록일자 | 2017년 3월 22일
주   소 | 서울 성북구 숭인로2길 61 길음동부센트레빌 106-1805
전   화 | 010-9510-7383
이 메 일 | arca_pub@naver.com
블 로 그 | arca_pub.blog.me
페이스북 | fb.me/ARCApulishing

책   값 | 뒤표지에 있습니다
I S B N | 979-11-89393-39-7 03230

아르카ARCA는 기독출판사이며 방주ARK의 라틴어입니다(창 6:15).
네가 만들 방주는 이러하니 … 새가 그 종류대로, 가축이 그 종류대로,
땅에 기는 모든 것이 그 종류대로 각기 둘씩 네게로 나아오리니 그 생명을 보존하게 하라 _창 6:15,20
아르카는 (사)한국기독출판협회 회원 출판사입니다.

행복 레벨 올리는
신앙 시트콤

딸 바보
예수
바보

강학종 지음

아르카

저에게는 독특한 습관이 있었습니다. 급여를 받으면 신앙 서적을 세 권 구입해서 차곡차곡 모으는 습관입니다. 책은 절대로 빌려서 읽지 않고 내 책으로 읽는 것, 그리고 빌려주지 않는 것이 철칙이었습니다. 물론 감명 깊게 읽은 책은 밑줄도 긋고 흔적도 남기면서 말이죠.

완독한 책도 있었고 반만 읽은 책도 있었고, 뿌옇게 먼지가 쌓이도록 손도 안 댄 책도 있었습니다. 서울에 있는 대형 교회 목사님들의 설교 집부터 성경강해까지 장르도 다양했습니다. 제가 왜 그랬을까요? 신 앙 서적을 수집하기 위해서 그랬을까요, 아니면 보이기 위해서 그랬 을까요? 참 아이러니한 저의 청년 시절이었습니다.

그런데 성경을 제대로 이해하고, 하나님 말씀이 송이꿀처럼 달고 오 묘하다고 고백하기 시작한 것은 몇 년 전 강학종 목사의 책을 접한 다 음부터였습니다. 읽는 책마다 그렇게 쉽고 명쾌할 수가 없었습니다.

이번에 나오는 〈딸 바보 예수 바보〉는 눈에 넣어도 아프지 않을 예쁜 딸의 성장 과정과 일상생활 속에서 일어난 일들을 하나하나 써 내려 간 책입니다. 딸의 성장 과정에서 일어난 일들로 빙긋이 웃게도 만들 고, 어느새 눈물을 글썽이게도 만드는 신기한 내용이 가득합니다.

육신의 아빠로서는 그 누구와 비교할 수 없을 만큼 딸을 사랑하면서도, 하나님 말씀으로 양육할 때는 아주 엄한 분이 강 목사임을 보게 됩니다. 그런 분이 육신의 아빠 역할과 영적인 아빠 역할을 확실하게 구분하고 전적으로 하나님께 맡기는 이야기들을 풀어냈으니 재미있으면서도 감동적입니다.

저는 이 책을 읽는 동안 참 많이 회개했습니다. 사랑한다는 핑계로 자녀를 내 맘대로 휘둘렀던 지난 시절이 참으로 후회됩니다.

부녀지간의 스토리이지만, 내용 끝자락에는 하나님 말씀으로 어떻게 살아야 하는지 부연 설명이 되어 있습니다. 참으로 하나님이 주시는 지혜가 넘쳐나는 사랑스러운 부녀지간의 이야기입니다. 자녀를 가진 부모라면 무조건 필독이라 생각해서 기쁜 마음으로 추천합니다.

울산미포교회 집사 박지원

저는 잘 웃는 편입니다. 힘들고 지친 표정의 사람을 만나도 일단 미소를 지으며 웃습니다. 제가 그렇게 웃는 이유는 지친 그 분에게 제 미소를 나누어주고 싶기 때문입니다. 힘든 상황이지만 미소를 지으며 지내자는 마음의 소리입니다. 강학종 목사의 〈딸 바보 예수 바보〉가 그렇습니다. 지금은 가정이 힘든 시대이고 자녀들도 쉽지 않은 때입니다. 이 책은 그런 시대를 살아가는 우리로 하여금 미소를 짓게 만들어 줍니다. 그것도 아빠로 인하여, 딸로 인하여 마음을 흐뭇하게 만들어 줍니다.

저는 개인적으로 아빠로서는 어느 정도 할 수 있다고 생각했습니다. 그런데 목사인 아빠로서는 문제가 좀 다릅니다. 아마 제 아이들도 비슷한 면이 있지 않나 싶습니다. 〈딸 바보 예수 바보〉가 목사인 아빠와 그 목사의 딸 이야기라서 제게 더 공감이 된 것 같습니다.

행복한 가족은 서로 닮은 데가 많다고 톨스토이가 말했습니다. 저자와 저자의 딸은 티격태격하는 것 같지만 닮은 데가 참 많습니다.

강학종 목사의 책은 쉽고 재미있다고 합니다. 맞습니다. 쉽고 재미있습니다. 그런데 제가 그의 책을 읽으면서 느낀 것은, 그는 굉장히 단호하다는 겁니다. 표현은 재미있지만, 말하고자 하는 바는 분명하고 엄중합니다. 이 책 〈딸 바보 예수 바보〉도 역시 그렇습니다. 딸에게도 단호합니다. 그런데 그 딸은 아빠보다 더 단호합니다. 그런 느낌으로 읽노라니 순간순간 함박미소가 지어졌습니다. 어느 부분에서는 같은 목사라서 그런지 목이 메는 부분도 있었습니다. 책을 읽다 보면 문득문득 딸에 대한 아빠의 깊은 애정이 보여서 마음이 행복해지는 순간도 있었습니다.

이 해가 가기 전에, 조용한 시간에 딸이나 아들과 카페 같은 데서 이런저런 이야기를 하다가, 이 책을 슬며시 주면 어떨까 싶습니다. 열심히 산 자녀에게 주는 아빠의 선물로 말입니다.

아이들에게 늘 미안한 신천교회 목사 이대우

강학종 목사는 페이스북에서 만난 온라인 친구입니다. 직접 뵌 적은 없지만, 그런 인연으로 강학종 목사의 책을 읽게 되었는데, 읽을 때마다 어려운 성경을 쉽게 풀어 쓴 것에 마냥 감탄하곤 했습니다. 그러던 중에, 이번에 〈딸 바보 예수 바보〉의 추천사를 부탁받았습니다.

거룩한 부담감으로 원고를 읽기 시작했는데, 도무지 중간에서 멈출 수가 없었습니다. 목사인 아빠와 딸의 티키타카에 마냥 미소를 머금었는데, 열쇠를 잃어버린 초등학교 1학년 딸이 문 앞에서 "하나님, 우리 아빠 빨리 오게 해주세요. 우리 아빠 빨리 오게 해주세요."라고 기도했고, 아빠는 수업중이었는데도 바로 집으로 왔다는 내용을 읽으면서는 잠시 멍해졌습니다. 딸의 기도를 딸 바보 아빠 귀에 들려주신 주님의 기가 막힌 타이밍에 마냥 눈물이 흐르기도 했습니다.

주님은 부족한 우리를 부모로 세워 놓으시고, 때에 따라 우리에게 주시는 은혜로 우리를 자녀 삼으신 주님의 마음을 헤아릴 수 있는 복을 주셨음을, 책을 읽으면서 다시금 깨달았습니다.

강학종 목사는 딸 바보인 줄 알았는데, 그게 아니라 그냥 바보라는 사실을 책에서 밝혔습니다. 하지만 저는 책을 읽으면서, 강학종 목사가 가볍게 건네는 부모로서의 속 깊은 위로가 어느 현자의 가르침보다 부드럽게 내 마음에 스며들어 마냥 따뜻했습니다.

누구보다 먼저 이 책을 읽을 수 있어서 무척 행복했습니다. 감사한 마음에 난생처음 추천사를 써봅니다. 기독교 신앙을 고백하는 모든 분들이 이 책을 읽으면 좋겠습니다. **만나교회 집사 장영민**

아귀는 한때 천대받던 물고기였습니다. 생긴 것이 괴악해서 잡히는 대로 도로 버렸습니다. 그런데 지금은 귀한 식재료가 되어, 찜, 탕, 수육, 건포로 변신해서 식탁 위에 오릅니다.

강학종 목사의 〈딸 바보 예수 바보〉가 그렇습니다. 읽어 나가는데 처음에는 '이게 뭐야?' 싶었습니다. 한 장 넘기니 '헉! 달다. 꼬숩다. 야! 전혀 다른 감칠맛이 난다. 이건 소문내야 할 책이다'라는 생각이 들었습니다. 마치 아귀처럼 버려지고 잊힐 법한 일상 속의 이야기를, 그는 참으로 잘 조리했습니다. 담벼락을 타고 자라는 호박은 호박순에 꽃이 피어 달리는 작은 호박이 커갈 때 밑에 똬리와 지주를 받쳐줘야 잘 자라듯, 이 책이 그런 책입니다.

이 책은 가정 속에서 부대끼는 이야기를 소재로 복음을 쉽게 풀어냅니다. 이 책은 부제목에도 있지만, 제목에서 느껴지는 것처럼 시트콤입니다. 페이지를 넘길 때마다 입에 웃음이 고이고, 폭소가 터지고 재미가 넘칩니다. 이 책에는 살아온 날들을 돌아보며 "이전 것은 거름이고 지금부터 다시 시작이다"를 외치며 똬리와 지주를 챙겨, 소매를 걷어붙이게 하는 내용들이 모여 있습니다.

하나님의 음성이 궁금한 딸이 아빠에게 하나님의 음성을 들어보았느냐고 묻습니다. 아빠는 들어보았다고 대답했고, 그다음 날부터 딸은 하나님의 음성을 듣게 해달라고 매일 기도합니다. 그러던 어느 날, "예수님의 이름으로 기도드립니다. 아멘" 하고 기도를 마치고는, 자기 혼자 굵은 목소리로 "알-았-다"라고 말하는 것으로, 스스로 하나님 음성을 만들어서 듣더라는 겁니다. 이런 이야기들이 신앙의 티키타카로 이어지며 웃음을 주는 책입니다. 나에게도 아브라함에게 임

한 능력이 나타나, 이제라도 딸 하나 더 낳고 이렇게 티키타카를 해보고 싶다는 욕망이 일어나게 해줄 만큼 재미있고, 감탄사를 내게 하는 책입니다.

꼼수는 서로에게 불편함을 주지만, 꼼꼼함은 감동을 남깁니다. 저자가 꼼꼼하게 기억하고 기록한 딸과의 이야기, 〈딸 바보 예수 바보〉를 큰 기쁨으로 강추합니다. **금당동부교회 목사 장철근**

강학종 목사님, 아니 저는 학종이 형이라고 부르는 것이 더 편한 것 같습니다. 장신대 신대원 입학시험을 치르던 날의 첫 만남부터 지금까지, 주님 안에서 교제하는 학종이 형은 늘 한결같은 모습입니다. '세상에 이런 사람도 다 있구나' 싶은 생각이 듭니다. 그리고 가끔 사람을 놀라게 하는 재주가 있습니다. 강남 한복판에서 목회를 시작하고 수많은 시간 동안 성경에 관한 연구와 노력을 기울이더니, 많은 책을 써서 사람들에게 감동을 줍니다.

이번에 또 한 권의 책을 썼다며 추천사를 부탁했습니다. 학종이 형의 책을 읽으면서 늘 감탄과 영적 깊이가 느껴졌는데, 이번 책은 조금 달랐습니다. 읽으면서 많이 웃었습니다. 그리고 울었습니다. 웃다가 울고 울다가 웃고, 사랑이 느껴져서입니다. 딸을 향한 오래되고 끈질긴 사랑이 느껴졌습니다. 딸과의 티키타카는 웃음과 감동이었습니다. 어떤 상황에서도 자녀를 향한, 놓을 수 없는 깊은 마음이 느껴졌습니다.

그리고 하나님의 사랑이 느껴졌습니다. 우리를 향한, 나를 향한 오래되고 끈질긴 사랑이 느껴졌습니다. 아버지가 딸을 끊임없이 바라보듯이, 하나님께서 나를 끊임없이 보고 계시는 사랑을 느꼈습니다.

학종이 형 책의 특징이 그렇듯, 한번 손에 잡으면 다 읽을 때까지 놓을 수가 없습니다. 이번 책은 더욱 그럴 것입니다. 책 속에 묻어 있는 사랑이 그렇게 할 것입니다. 이 책을 읽으면서 내 옆에 있는 자녀를 한 번 더 사랑의 눈으로 보게 될 것 같습니다. 그리고 그 아이의 이름을 부르면서 사랑한다고 꼭 말해주고 싶습니다. "아이야, 하나님께서 너를 사랑하시듯, 나도 너를 사랑한다."

하나님께서 강학종 목사님을 통하여 들려주시는 글의 소리를 통해, 이 가을에 우리의 삶을 풍성하게 해주시는 은혜가 있기를 소망합니다.

구리경일교회 목사 조용

2년쯤 전의 일입니다. 지인의 SNS를 통해서 강학종 목사의 책을 알게 되었습니다. 호기심에 구입했는데, 다 읽을 때까지 손에서 책을 놓지 못하는 신기한 경험을 했습니다. 그 책을 시작으로 강학종 목사의 책은 다 구입해서 읽었습니다. 한동안 독서 베짱이였던 내가 독서 개미가 된 것입니다. 그 책을 계기로 주변 사람들한테 책 선물도 여러 권 했고, 지금은 강학종 목사가 책을 출간했다는 소식을 기다리는 사람이 되었습니다. 책을 선물하는 일도 자주 있는 일이 아닌데, 심지어 출간 소식을 기다리기는 처음입니다.

강학종 목사의 책은 마치 백과사전 같습니다. 성경을 읽다가 어려운 부분이 있을 때마다 강학종 목사의 책을 찾아보곤 합니다. 그때마다 어떻게 그렇게 쉽게 설명했는지 감탄합니다.

이번에는 성경 강해서가 아닌 딸과의 일상을 다룬 〈딸 바보 예수 바보〉를 썼습니다. 추천사를 부탁받고 또 다른 기대감으로 원고를 읽었는데, 역시나 기대 이상이었습니다. 책 한 권 안에 국어사전, 영어사전, 역사와 상식 등이 두루두루 들어 있어서, 저의 좁은 지식 창고의 폭을 넓혀주었습니다.

읽는 내내 저와 딸의 상황이 겹쳐지며 정신없이 웃기도 하고, 가슴 찡

한 대목에서는 눈물이 핑 돌기도 하면서 마음껏 책 속에 빠져 들었습니다. 마치 저의 집 이야기처럼 감정이입이 되어 단숨에 읽었습니다. 역시나 저를 독서 베짱이에서 개미로 만들어 주신 작가의 글답다고나 할까요? 그 아빠에 그 딸, 직접 안 봤어도 예쁘고 똑 소리 나며, 어릴 적부터 유쾌 상쾌 통쾌 명쾌 경쾌한 입담의 주인공인 딸과의 티키타카가 마냥 행복해 보였습니다. 그러면서 마음 한구석에 둘째가라면 서러울 딸 바보인 내가 과연 신앙적으로는 몇 점짜리 딸 바보일까 생각하니 아쉬운 마음이 들었습니다. 그래서 〈딸 바보 예수 바보〉를 신앙생활 사전으로 삼아, 언제가 될지 모르지만 이다음에 손주 바보가 되어 보기로 결심했습니다. 때때로 딸과의 갈등에 직면했을 때 "예수님이시라면 어떻게 하실까?"로 해답을 찾았었는데, 이제 한 가지방법을 더 찾은 것 같습니다. "확실한 딸 바보이신 강학종 목사라면 어떻게 했을까?"
　　　　　　　　　　　　　　　　　　배곧동산교회 권사 진정미

"너도 이다음에 너 닮은 새끼 딱 하나만 낳아서 키워봐라."

자라던 시절, 어머니께서 늘 하시던 말씀입니다. 그 말을 들으면서도 그 말이 무슨 뜻인지 몰랐으니, 제가 어지간히 어머니 속을 썩여드렸나 봅니다.

세월이 지났습니다. 중학교, 고등학교를 졸업하고, 대학교도 졸업했습니다. 직장 생활을 하다가 신학생이 되었습니다. 신학대학원을 졸업했을 때, 아버지께서 물으셨습니다.

"이제 신학 공부도 마쳤으니까, 성경은 다 외우는 거냐?"

"그걸 어떻게 다 외웁니까? 못 외웁니다."

"그럼, 반쯤은 외우는 거냐?"

"어림도 없습니다."

"그럼, 얼마나 외우는 거냐?"

"4프로(%)쯤 외웁니다."

지금은 다 까먹었습니다만, 그 무렵에는 암송하는 성경 구절이 1,200절 정도 되었습니다. 성경 1,200절을 암송한다고 하면 다 놀랐습니다. 그런데도 아버지께서는 걱정하셨습니다.

"그럼, 성경을 아무 데나 펼쳐서 손가락으로 짚으면, 그 구절로 설교
는 할 수 있는 거냐?"

"그걸 무슨 수로 합니까? 설교는 따로 준비해야죠."

"너도 참 걱정이다. 그렇게 해서 어떻게 밥 먹고 살래?"

아버지는 그때까지 교회 문턱을 넘어보지 않으신 분입니다. 제가 목
사 안수를 받은 다음에야, 당신이 교회 안 다니면 자식이 어떻게 목사
노릇을 하겠느냐며 교회에 등록하셨고, 그다음 날부터 새벽기도를
빼먹지 않으셨습니다.

제가 전도사 시절의 일입니다. 설교 중에 이런 말을 했습니다.

"모든 부모가 자식을 걱정합니다. 오죽하면 제 아버지도 저를 걱정하
십니다. 당연한 말 아니냐 싶지만, 그렇지 않습니다. 제 아버지는 신앙
이 없으십니다. 그런데도 제 목회 사역을 걱정하십니다. 불신자가 목
회자를 걱정하는 게 말이 됩니까?" 그러고는 조크를 덧붙였습니다.

"혹시 이다음에 아버지께서 교회 오시거든 제발 제 칭찬 좀 해주십시
오. 제가 교회에서 쫓겨나기라도 할까 봐 아버지께서 잠을 못 주무십

니다."

분명히 농담이었습니다. 그런데 몇 달 후에 아버지께서 정말로 오셨습니다. 당시 저는 담임목사님과 교대로 주일 저녁예배 설교를 했는데, 마침 제가 설교하는 주일이었습니다. 아버지께서 서울에 오셨다가, 저녁예배 시간에 맞춰 교회로 오신 겁니다.

담임목사님이 아버지께 앞에 나와서 인사를 하시라고 했습니다. 그때 아버지께서 말씀하신 내용을 지금도 생생하게 기억합니다.

"강학종 전도사 아비 되는 사람입니다. 못난 자식을 맡기게 되어 정말 송구합니다. 혹시 제 아들놈이 칠칠치 못한 일을 하거든 저를 닮아서 그런 것이니 저를 흉보시고, 제 아들놈은 너그럽게 용납해 주셨으면 정말 감사하겠습니다."

예배를 마친 다음, 그냥 집에 가는 교인은 아무도 없었습니다. 전부 아버지께 인사를 드리며 제 칭찬을 한마디씩 하고 가셨습니다. 실력 있는 전도사님을 보내주셔서 고맙다는 분도 계셨고, 전도사님이 오시고 교회 분위기가 확 달라졌다는 분도 계셨고, 전도사님이 목사 안

수 받고도 다른 교회 가지 말고 계속 여기서 사역했으면 좋겠다는 분도 계셨습니다. 그날 밤, 아버지는 그것이 짜고 치는 고스톱인 줄도 모르고 마냥 좋아하셨습니다. 그리고 저는 처음으로 효도한 것 같아서 뿌듯했습니다.

저한테는 무남독녀 외동딸이 있습니다. 어머니께서 하신 말씀 때문인지 영락없이 저를 빼닮았습니다. 딸한테 허물이 있으면 죄다 제 책임이라는 뜻입니다. 그런 딸이 자라는 모습 속에서 하나님 앞에 선 우리의 모습을 봅니다. 그래서 어느 가정에나 있을 수 있는 에피소드가 단지 에피소드로 끝나지 않고, 우리 신앙을 돌아볼 수 있는 실마리가 되기를 바라는 마음으로 이 책을 구상했습니다.

가장 먼저 신경 쓴 것이 재미있어야 한다는 사실입니다. 요즘은 사색 대신 검색을 한다고 합니다. 책을 통 안 읽습니다. 그런 세태를 감안해서, 누구나 재미있게 읽을 수 있게 썼습니다. 책 읽는 습관이 없는 사람이나 새 신자는 물론이고, 불신자도 읽을 수 있게 썼습니다.

재미만 있으면 안 됩니다. 감동도 있어야 합니다. 주변 전도 대상자한테 이 책을 선물했는데 참 재미있게 읽었다고 하더라는 말이 들리면

저한테는 상당한 기쁨이겠습니다.

출판의 기회를 주신 아르카 출판사의 이한민 대표님, 책이 나오게 산파의 역할을 하신 김영한 목사님, 기꺼이 추천사를 써주신 박지원 집사님, 이대우 목사님, 장영민 집사님, 장철근 목사님, 조용 목사님, 진정미 권사님께 이 지면을 빌려 고마움의 뜻을 전합니다.

이 책을 읽는 모든 가정마다 웃음과 감동이 아울러 넘치기를 소망합니다.

주후 2024년 12월

하늘교회 목사 강학종

차례

병아리와
딸 바보

딸의 탄생 ————

주후 1989년 2월 28일, 화요일.

평소처럼 출근해서 근무하는데,
누이동생한테서 전화가 왔다.
"지금 언니하고 병원 가거든. 빨리 병원으로 와."

예정일이 3월 7일인데 뭐가 그리 급했을까?
급한 것은 그것만이 아니었다.
병원에 갔더니 2.8kg의 몸으로 이미 태어나 있었다.
일주일이 보너스로 주어진 셈일까?
이렇게 딸의 인생 1일 차가 시작되었다.

부디 건강하게 자라기를⋯.

작명 ———

이름을 지어야 했다.

성이 강이고 돌림자가 연이니, 가운데 글자만 정하면 되었다. 아버지께서 수와 지, 소 중에서 택하라고 하셨다.

강수연, 강지연, 강소연,
어느 걸로 할까?

예전에 순간의 선택이 10년을 좌우한다는 광고 문구가 있었는데, 이름은 10년이 아니라 평생이다.
고민에 고민을 거듭하다가, 아내와 누이동생 내외, 처제 내외에게 물었다. 수가 세 표, 지가 한 표, 소가 한 표 나왔다. 이렇게 해서 강수연으로 정해졌다.

아무리 좋은 이름을 지어도
그 이름을 빛나게 하는 것은 그 사람의 몫이다.
부디 이름을 자랑스럽게 만드는 인생을 살려무나!

하나둘 응가

세 살이 되었다.

딸이 화장실에 들어갔는데, 잠시 후에 목소리가 들렸다.

화장실에서 혼자 무슨 말을 하는 걸까?

귀를 문에 바짝 대고 들어보았다.

"하나둘 응가, 하나둘 응가!"

용변을 보느라 힘쓰는 소리였다.

자고로 우리 몸에서 불필요한 것을 몰아내려면

힘을 써야 하는 법이다.

저절로 되는 것은 없다.

군살도 그렇고, 죄도 그렇다.

스승의 날

딸이 놀이방에 다니던 시절, 아마 세 살 때였을 것이다.
스승의 날 아침이었다.
나와 아내 모두 출근 준비를 해야 했으니,
아침은 늘 부산했다.

아내가 딸한테
놀이방 선생님께 보내는 선물을 내밀며 말했다.
"선생님께 이거 드리면서 '선생님 고맙습니다' 해."
딸이 알았다고 할 줄 알았는데,
눈을 동그랗게 뜨며 물었다.
"내가?"
"응."
"내가 '고맙습니다' 해?"
"응."
"엄마, 내가 주잖아. 선생님이 '고맙습니다' 해야지."

웃음을 터뜨리면 딸이 민망할까 봐 애써 참았다. 나는 나대로, 아내는 아내대로 표정 관리를 하느라 혼났다.

자기가 선생님한테 선물을 주니까 선생님이 고맙다고 해야지, 왜 자기가 고맙다고 해야 하느냐는 딸의 발상이 생각할수록 재미있었다.

언젠가 씁쓸한 말을 들은 적이 있다.

자기가 예수를 믿었는데, 하나님이 해준 것이 뭐가 있느냐는 것이었다. 교회에 나와주고 헌금까지 해줬으니, 하나님이 자기에게 고마워해야 한다고 생각하는 모양이다.

그런 식의 발상은 세 살까지만 하고,
그다음부터는 안 했으면 좋겠다.

차라리 맞는다 ─────

네 살이 되었다.

무슨 일이었을까? 딸이 뭔가 잘못을 했다.

30센티미터 자를 들고서, 짐짓 무서운 말투로 물었다.

"이걸로 맴매할래, '잘못했습니다' 할래?"

나는 당연히 풀죽은 목소리로 "잘못했습니다"라고 할 줄

알았다. 그런데 입술을 앙다물더니 손바닥을 내밀었다.

잘못했다고 하느니 차라리 맞겠다는 뜻이다.

괘씸한 생각에 한 대 때렸는데, 그 작은 손바닥에 때릴 데

가 어디 있단 말인가?

차마 더 때리지 못하고 다시 물었다.

"이래도 '잘못했습니다' 안 해?"

나는 얼른 상황을 끝내고 싶었다. 따끔한 맛을 봤으니, 이

번에는 '잘못했습니다' 소리가 나올 줄 알았다.

그런데 앙칼진 말투로 대꾸했다.

"맴매했는데 왜 '잘못했습니다' 하냐?"

'잘못했습니다'라는 말을 하지 않는 조건으로 매를 맞았

는데, 왜 잘못했다고 해야 하느냐는 항변이었다.

소름이 끼쳤다. 아무리 아빠라고 해도, 잘못했다는 말을 하는 것은 자존심이 상하는 것을 어떻게 할까?

요나를 태운 배가 풍랑을 만났다. 누구 때문에 일어난 풍랑인지 알기 위해서 제비를 뽑았는데, 요나가 걸렸다. 그러면 이제 요나가 회개하는 것이 순리다.

그런데 당당하게 말한다. "나를 들어 바다에 던지라. 그리하면 바다가 너희를 위하여 잔잔하리라. 너희가 이 큰 폭풍을 만난 것이 나 때문인 줄을 내가 아노라."

죽으면 죽었지, 회개는 못하겠다는 것이다. 자기 뜻을 꺾고 하나님께 순복하느니, 차라리 세상을 그만 살고 말겠다는 가증한 발악이다. 이것이 인간의 죄성이다.

설마 요나만 그럴까? 차라리 죽겠다고 고집부릴 만큼 순종하기 싫은 부분이 누구에게나 있다. 아무리 하나님 말씀이라고 해도, 도저히 수용이 안 되는 것을 어떻게 할까?

장난감 인생 ————

딸은 부모 고향이 제주도라는 이유로
어렸을 때부터 걸핏하면 비행기를 탔다.
셋이 나란히 앉으면 딸은 늘 창 쪽에 앉았다.
비행기가 막 이륙했는데, 딸이 갑자기 호들갑을 떨었다.
"엄마! 장난감 차, 장난감 사람, 장난감 집!"

위에서 내려다보면 모든 게 장난감으로 보인다.
이 세상 삶이 결국 장난감 인생이라는 사실을
우리도 언젠가 깨닫게 될 것이다.

침의와 성화

사람들은 나이 먹는 것을 싫어하지만, 어렸을 때는 그렇지 않다. 나이 먹는 것을 오히려 좋아한다.

딸이 네 살에서 다섯 살이 될 때도 그랬다.

일주일 전부터 한 살 더 먹는 날을 기다렸다.

"일곱 밤만 자면 다섯 살이다."

"세 밤만 자면 다섯 살이다."

"두 밤만 자면 다섯 살이다."

"한 밤만 자면 다섯 살이다."

손가락 꼽으며 기다리다가, 드디어 다섯 살이 되었다.

"엄마, 나 다섯 살이지?"

"응."

"이제 다섯 살 되었으니까, 얼마나 컸나 봐야지" 하고는 저울 위에 올라갔다.

자기 딴에는 네 살이었다가 다섯 살이 되었으니까 그만큼 컸을 것으로 기대했는데, 그게 아니었다. 저울 눈금이 그대로인 것이다. 아마 18킬로그램이었을 것이다.

깜짝 놀라서 소리쳤다.

"엄마! 이 저울이가 나 이제 다섯 살인 거 모르나 봐!"

네 살이었다가 다섯 살이 된 것은 엄청난 사건이다. 그렇다고 해서 한꺼번에 몸무게가 늘지는 않는다.

교회 밖에 있다가 교회 안으로 들어온 것도 그렇다. 분명히 의미 있는 일이고 큰 사건이다. 하지만 한꺼번에 거룩해지지는 않는다. 칭의는 한순간이지만, 성화는 꾸준한 과정을 거쳐야 한다.

딸의 폭탄선언 ────────

어린이집에서 돌아온 딸이 폭탄선언을 했다.

"나, 오늘부터 저 방에서 혼자 잘래."

혼자 잘 수 있겠느냐고 물었더니 단호하게 대답했다.

"내가 이렇게 컸는데, 창피하게 엄마하고 같이 자냐?

이제는 혼자 자야지."

어린이집에서 혼자 자라는 말을 들은 모양이었다.

밤이 되었다.

작은 방에 자리를 깔아주고는 불을 끄고 나오려는데,

딸이 말했다.

"불 끄지 마. 캄캄해서 안 되겠어."

"불 켜고 자게?"

"응."

불은 나중에 딸이 잠든 다음에 끄면 된다.

그런데 혼자 잘 수 있을까?

아내와 누워서 그 말을 하는데, 문이 열렸다.

딸이 심통 난 목소리로 말했다.

"아빠는 왜 엄마하고 자? 아빠도 혼자 자!"

갑자기 불똥이 왜 나한테 튈까?

딸의 혼자 자기 프로젝트는 그렇게 해서 실패로 끝났다.

그런 실패를 몇 번 반복하고 성공했는지 모르겠는데,

자고로 첫술에 배부른 법은 없다.

혼자 자는 것이 정답인 것을 알면,

실패할 때마다 다시 시도해서

결국 성공하면 된다.

같은 사람, 다른 사람 ———

딸이 엄마한테 자기 생일을 물었다.

"엄마, 내 생일 언제예요?"

"네 생일? 알잖아?"

"내 생일 언제야?"

"2월 28일이잖아. 그것도 몰라?"

"그건 네 살 때 생일이잖아. 네 살 때 생일 말고, 다섯 살 때 생일 언제냐고? 나 이제 다섯 살이야, 다섯 살!"

네 살에서 다섯 살이 되면 생일도 달라질까?

우리는 새로운 피조물이다. 죄의 종이었다가 하나님의 자녀로 신분이 바뀌었다. 그래서 무엇이 달라졌을까?

신분이 달라진 것으로 모든 것이 달라졌으면 좋겠다.

죄에 속한 것은 생각나지도 않고,

늘 거룩한 것만 생각났으면 좋겠다.

하지만 현실은 그렇지 않다. 사람은 그대로인 채, 달라진 삶을 살아야 한다. 그것이 우리한테 주어진 숙제다.

풀무 불과 세뱃돈 ————

설 명절 때 나와 아내는 내려가지 않고 딸만 보낸 적이 있다. 딸한테 사전 교육을 시켰다.

"혜연이 언니나 승태는 절해도 넌 절하면 안 돼. 예수 믿는 사람은 차례상에 절하는 거 아냐."

몇 번이나 당부했는지 모른다.

그런데 절을 하고 말았다.

비하인드 스토리가 있었다.

나는 불신 가정에서 자랐다. 제사 때마다 절을 안 한다는 이유로 늘 곤욕을 치렀다. 내가 그랬는데 그 딸이 절을 하지 않는다고 하자, 작은아버지 한 분이 장난을 쳤다.

"그럼 이따가 세배도 하지 마. 다른 애들은 다 세뱃돈 받는데, 넌 못 받아."

그 말에 그만 홀랑 넘어가고 만 것이다.

어쨌든 나는 단단히 화가 났다.

따끔하게 야단칠 작정으로 딸을 불러 앉히고는 말했다.

"너! 다니엘 세 친구 알아, 몰라? 다니엘 세 친구는 풀무 불에 던진다고 해도 절을 안 했잖아!"

딸 대답이 기가 막혔다.

"나도 알아. 풀무 불에는 나도 들어간다고! 그런데 이건 돈이잖아, 돈!"

이게 무슨 해괴한 논리일까?

목숨보다 돈이 더 중하다는 뜻일까?

차라리 목숨을 포기하지, 돈은 포기하지 못한다는 것이 말이 될까? 다섯 살짜리가 돈이 있으면 무엇에 쓸까?

나도 자라면서 세뱃돈은 항상 어머니한테 맡겼다.

그리고 그 돈은 다시 나오지 않았다.

결국 딸은 자기가 쓰지도 못할 돈을 욕심냈다는 뜻이다.

돈에 대한 애착은 가히 맹목적이다.

성경에 하나님과 재물을 겸하여 섬기지 못한다는 말씀이 괜히 있는 것이 아니다.

십일조 ———

딸이 10분의 1을 계산할 줄 알게 된 다음부터 십일조를 하게 했다. 1,000원이 생기면 100원을 십일조하게 했고, 3,000원이 생기면 300원을 십일조하게 했다.

우리 집은 상당한 대가족이다. 아버지 형제가 7남 5녀이니, 어릴 때부터 설이면 정신이 없었다. 사촌이 몇 명인지 세려면 한참이 걸렸다.

그게 전부가 아니다. 아내는 무남 10녀의 장녀다. 조카가 몇 명인지 세려면 한참이 걸린다. 나를 기준으로 하면 세뱃돈 지출이 그만큼 심하다는 뜻이고, 딸을 기준으로 하면 세뱃돈 수입이 쏠쏠하다는 뜻이다.

설 명절을 마치고 서울에 올라온 다음이었다.

아마 토요일이었을 것이다. 딸이 물었다.

"나, 십일조 얼마 해?"

"세뱃돈 얼마 받았어?"

"12만 5,000원"

"십일조가 얼마야?"

"만 2,500원"

"그래, 십일조해."

딸이 깜짝 놀란 말투로 물었다.

"정말로 이걸 다 해?"

평소에 용돈 1,000원 받은 것에서 100원 십일조를 하는 것은 아무렇지 않았다. 조금 아깝기는 해도 10,000원에서 1,000원을 십일조할 수도 있다. 하지만 10만 원이 넘는 돈에서 1만 원 넘는 액수를 십일조하는 것은 어려웠던 모양이다.

어떤 사람이 사업을 시작했다. 처음에는 고전했지만, 시일이 지나면서 점차 자리를 잡았다. 한동안 수입이 없을 때는 '언제면 십일조를 할 수 있나' 하는 생각을 하다가, 십일조를 할 수 있게 되자 감사하는 마음도 있었다.

사업이 번창함에 따라 십일조 액수도 늘었다. 처음에는 한 달에 30만 원도 하고 50만 원도 하다가 100만 원 단위가 되었다. 언제부터인지 슬며시 다른 마음이 들었다. 십일조 액수가 늘어난다는 얘기는 그만큼 수입이 늘어났다는 뜻인데, 사람들은 나가는 것만 생각하지 들어오는 것은 생각할 줄 모른다.

급기야 십일조 액수가 300만 원을 넘고 500만 원을 넘어섰다. 본격적으로 고민하기 시작했다. '십일조를 하지 않을 수는 없다. 그런데 곧이곧대로 하려니 너무 많다. 차라리 액수를 정해 놓고 헌금을 하자. 매달 50만 원이면 작은 액수가 아니지 않은가?'

그런 생각을 하면서도 마음 한구석이 불편했다.

목사님을 찾아가 상담을 요청했다. 목사님께 그동안의 사업 추이와 십일조에 대한 생각을 말씀드리자, 잠자코 듣던 목사님이 같이 기도하자고 했다.

"하나님, 아무개 집사님이 그동안 성실하게 하나님을 섬긴 것을 하나님도 아십니다. 그런데 십일조 액수가 30만 원, 50만 원일 적에는 감사하는 마음이 있었는데, 300만 원이 되고 500만 원이 되자 문제가 생겼습니다. 그러니 아무개 집사님의 월 소득을 통제하여 주시기 바랍니다. 집사님이 감당할 수 있는 액수가 한 달에 50만 원이라 하니, 월 소득 또한 500만 원이 넘지 않게 해주십시오. 월 소득이 500만 원을 넘으면 불신앙을 범하게 되오니, 부디 헤아려 주시기 바랍니다."

이런 일화가 단지 우스갯소리였으면 좋겠다.

무능 고백

집에 작은 계단이 있었다.

딸이 엄마 구두를 신고 놀다가 계단에서 굴렀다.

머리에서 피가 흘렀다.

아내와 함께 우는 아이를 안고 서둘러 택시를 잡아탔다.

가까운 병원으로 가자고 했는데, 병원까지 가는 길이

왜 그리 멀었을까?

딸은 아프다고 우는데, 나는 할 수 있는 것이 없었다.

고작해야 택시비를 낸 것이 전부였다.

의사 선생님이 상태를 살피더니

머리를 꿰매야 한다고 했다.

나는 차마 무서워서 들어가지 못하고,

아내가 옆에서 지켜봤다.

나는 정말로 할 수 있는 것이 아무것도 없었다.

땅의 아버지는 철저하게 무능하다.

우리가 믿을 분은 하늘 아버지뿐이다.

뺄셈 ───────

어린이집에 다녀온 딸이 현관에서 신발도 벗기 전에 말했다.

"오늘 굉장히 어려운 거 배웠어."

"뭐 배웠는데?"

"뺄셈 배웠어. 뺄셈."

"뺄셈?"

"응! 아빠, 세상에 뺄셈보다 더 어려운 것도 있어?"

다섯 살짜리 아이가 이차방정식을 알까, 삼각함수를 알까? 뺄셈이 가장 어려운 것일 수 있다.

지나고 보면 아무것도 아닌데, 닥쳤을 때는 그렇다.

지금의 어려움도 지난 다음에 생각하면

아무것도 아닐 것이다.

어른 학생 ───────

직장을 정리하고 신학대학원에 진학했을 때, 다섯 살이던 딸이 '멘붕'에 빠졌다. 지금까지 아빠는 회사에 가고 엄마는 학교에 가는 줄 알았는데, 난데없이 아빠도 학교에 가기 때문이다.

그것이 전부가 아니다. 엄마는 학교에 가면 선생님인데, 아빠는 학생이라는 것이다. 다섯 살짜리 머리로는 이해할 수가 없었다. 학교에만 갔다 오면 물었다.

"아빠, 오늘도 학생 했어?"

"응."

"내일도 학생 할 거야?"

"응."

엄마는 선생님인데 아빠는 학생이라는 사실에 몇 날 며칠을 고민하다가, 나름대로 답을 찾았다.

"엄마는 공부를 잘해서 선생님인데, 아빠는 공부를 못해서 학생이로구나."

그렇게 결론을 내린 다음부터 틈만 나면 기도했다. 밥 먹을 때도 기도하고 잠자리에 들 때도 기도했다.

"하나님, 우리 아빠 학교에 가서 공부도 잘하게 해주시고, 선생님 말씀도 잘 듣게 해주시고, 숙제도 잘하게 해주시고, 시험 보면 맨날맨날 백점 맞게 해주시고, 친구들과 싸우지 말고 사이좋게 놀게 해주시고, 그래도 친구와 싸우면 꼭 이기게 해주세요."

내가 수석 졸업을 하지 못한 것은 딸의 기도가 부족했기 때문이었을까? 그런데 친구들과 사이좋게 놀게 해달라는 기도에 이어, 그래도 친구와 싸우게 되면 꼭 이기게 해달라는 기도가 재미있었다.

친구하고는 당연히 사이좋게 지내야 한다. 하지만 그렇게 되지 않을 수 있다. 유사시라는 말이 왜 있겠는가? 그런 경우에는 이기게 해달라는 것이다. 신앙을 내세워서라도 조금도 손해 보지 않으려는 마음은 애나 어른이나 똑같은 모양이다.

응답될 수 없는 기도 ————

신학을 하면서 교회를 옮겨야 했다. 옮긴 교회에서 나는 6학년부 교사로 봉사했고, 아내는 찬양대원으로 봉사했다. 주일마다 세 식구가 함께 집을 나서서 교회에 도착하면 뿔뿔이 흩어졌다.

딸은 유치부 예배를 마치면 6학년부 예배실로 왔다. 그 시간은 찬양대 연습이 끝나기 전이었다.

하루는 나를 보자마자 호들갑을 떨었다.

"아빠, 아빠, 여자 화장실 되게 좋아졌어. 와 봐봐."

여자 화장실이 새로 공사를 한 모양이었다. 그것을 보여준다는데, 내가 무슨 수로 갈까?

"아빠는 남자잖아. 아빠는 여자 화장실에 못 가."

딸도 지지 않고 말했다.

"누가 들어와서 보래? 내가 문 열 테니까 밖에서 보기만 해!"

나는 딸의 말을 들을 수 없었고, 결국 딸은 삐치고 말았다. 하지만 어쩌겠는가? 내가 갈 수 없는 곳에 나를 데리고 가려고 하니, 별수 없는 노릇이다.

엘리멜렉과 나오미가 두 아들과 함께 모압으로 이주한다. 모압에 사는 동안 두 아들이 모압 여인과 결혼한다. 두 며느리의 이름은 룻과 오르바다. 그런데 엘리멜렉과 두 아들이 죽고, 나오미, 룻, 오르바만 남는다.

나오미가 두 며느리를 데리고 유다 땅으로 가다가 마음을 바꾼다. 자기한테는 유다 땅이 고국이지만, 두 며느리한테는 이방 땅이다. 굳이 데려갈 것 없이 모압에서 새출발하게 하는 것이 낫다고 생각한 것이다.

"너희는 각기 너희 어머니의 집으로 돌아가라. 너희가 죽은 자들과 나를 선대한 것같이 여호와께서 너희를 선대하시기를 원하며, 여호와께서 너희에게 허락하사 각기 남편의 집에서 위로를 받게 하시기를 원하노라"(룻 1:8b-9a).

나오미가 두 며느리를 위하여 하나님의 은총을 구한다. 참 사려 깊은 시어머니 같은데, 뭔가 이상하다.

"힘들어도 나와 함께 가자. 거기는 하나님이 돌보시는 곳이다. 그곳에 가서 하나님의 은혜를 기다리자"라고 하는 것은 말이 된다. 그런데 이방 땅에 보내면서 하나님의 은총을 구하면 어떻게 하란 말인가?

"너희는 각기 너희 어머니의 집으로 돌아가라. 그곳은 이방 땅이다. 하나님이 안 계신 곳이다. 그곳에서 하나님이 너희에게 은혜 주시기를 원한다"가 말이 될까?

어쩌면 이것이 우리의 문제일 것이다. 하나님께서 함께 하시지 못할 일을 하면서 하나님의 도우심을 구한다. 도우심을 받지 못하는 사람만 답답한 것이 아니라, 돕지 못하시는 하나님도 답답하실 것이다.

하나님의 음성 ────

"아빠는 하나님 목소리 들은 적 있어?"

들은 적 있다고 하면 사람들이 대화하는 것처럼 들은 것으로 생각할 테고, 들은 적 없다고 하면 하나님은 원래 말씀하시지 않는 분으로 오해할 것이다. 짧은 순간 고민하다가, 들은 적 있다고 했다.

그날부터 딸의 기도 제목 하나가 추가되었다. "저도 하나님 목소리 듣게 해주세요"라고 날마다 기도했다. 옆에서 지켜보는 내가 초조했다. 기도가 응답되지 않는다는 이유로 하나님의 존재에 의심을 품거나, 기도에 회의를 느끼면 어떻게 한단 말인가?

하루는 딸의 기도를 들었다. 내용을 일일이 기억하지는 못하지만 "…우리 동네 사람들 모두 예수 믿게 해주세요"라는 말은 지금도 기억한다.

조잘거리는 목소리가 잦아들었다. 기도가 끝난 모양이

다. "예수님 이름으로 기도드립니다"도 했다. 그런데 그게 끝이 아니었다. 잠시 후 기도할 때와 다른 굵은 목소리가 들렸다.

"알-았-다!"

아무리 기도해도 하나님이 목소리를 들려주시지 않으니, 자기가 만들어서 듣기로 한 모양이었다. 방 밖에서 웃음을 참느라 혼났다. 하나님도 같이 웃음을 참지 않으셨을까 싶다.

부활절

"아빠, 오늘 무슨 날인지 알아?"

유치부 예배를 다녀온 딸이 물었다. 뭔가를 배운 모양이다. 말투에 잔뜩 힘이 들어가 있었다. 그런 경우에는 안다고 대답하면 안 된다. 모른다고 해서 잘난 척할 기회를 줘야 한다.

"몰라. 무슨 날인데?"

"아빠는 전도사님이 그런 것도 모르냐? 오늘 부활절이잖아!"

"그래? 오늘이 부활절이야?"

"아빠, 부활절이 무슨 날인지 알아?"

"몰라. 무슨 날인데?"

"부활절은, 예수님이 우리 죄를 위해서 십자가에 달려 돌아가셨다가 3일 만에…."

여기까지 듣고 내가 속으로 얼마나 감동했을까? 그런데 딸이 말을 잇지 못했다.

"3일 만에, 3일 만에, 3일 만에…."

듣는 내가 답답했다.

그렇다고 정답을 말해줄 수도 없는 노릇이다.

딸 입에서 얼른 그다음 말이 나오기를 기다리는데, 딸이
생각난 듯 말했다.

"3일 만에 계란에서 뿅 나온 날이다!"

부활절에 대한 새로운 해석이었다. 부활절이 그런 날인
줄 미처 몰랐다.

그런데 다시 따져 보자. 부활절이 무슨 날일까? 일 년에
한 번 예수님의 부활을 기념하는 날일까? 그보다는 우리
가 부활할 사람으로 살고 있는지 점검해야 하는 날 아닐
까?

이다음에 부활한다고 말만 하는 것은 무효다. 부활한 다
음의 시선으로 지금을 볼 수 있어야 하고, 부활할 사람처
럼 지금을 살아야 한다.

제주도보다 고수부지

유치원에 다녀온 딸이 물었다. "난 방학하면 또 제주도만 가? 고수부지 가면 안 돼?" 유치원에서 누군가 고수부지 얘기를 한 모양이다. 한 아이가 고수부지 갔다 왔다고 하니, 다른 아이도 갔다 왔다고 했을 것이다.

그런데 왜 자기는 허구한 날 제주도만 가야 할까?

네 살 때도 제주도, 다섯 살 때도 제주도, 여름에도 제주도, 겨울에도 제주도…. 그런 제주도에 또 가야 할까?

친구한테 들은 말이 있다. 친구 아내가 어릴 적에 집에서 정미소를 했다고 한다. 늘 쌀밥만 먹으니 친구들이 먹는 보리밥이 부러워서 바꿔 먹었다가 어머니한테 혼났다는 것이다. 자기한테 없는 것은 뭐든지 부러운 모양이다.

하지만 신자가 불신자를 부러워하는 일은 없었으면 좋겠다. 사자가 사냥한 먹이를 먹는 것을 하이에나가 부러운 시선으로 바라볼 수는 있어도, 하이에나가 먹이를 먹는 것을 사자가 부러운 시선으로 바라보는 것은 말이 안 된다.

성경 안 보고 읽기 놀이 ————

신학교는 과제가 많다. 학교 갔다 와서 과제하다가, 학교 갔다 와서 과제하다가, 학교 갔다 와서 과제하다가, 주일이면 교회에 가서 교육전도사로 사역을 해야 했다.

집에는 돌봐야 할 딸이 있는데, 나는 늘 시간에 쪼들렸다. 그때마다 딸을 타이르곤 했다.

"아빠는 숙제해야 하니까, 잠깐만 혼자 놀고 있어."

하지만 유치원에 다니는 아이가 혼자 노는 것에는 한계가 있다. 자기 방에서 잠깐 놀다가 이내 나한테 왔는데, 그런 딸한테 비장의 무기가 생겼다. 성경을 들고 와서 "나는 보면서 읽을 테니까 아빠는 보지 말고 읽어"라고 하는 것이었다. 아빠가 다른 책을 읽어달라고 하면 바쁘다고 하지만, 성경은 같이 읽어준다는 사실을 안 것이다.

우선 성경을 사이에 놓고 딸과 마주 앉는데, 이때 구약을 펴면 안 된다. 신약에서도 서신서를 펴야 한다. 로마서나

에베소서, 빌립보서가 좋다.

내가 성경을 암송하면 딸은 혹시 틀리게 말하는 글자가 없는지 손가락으로 짚어 가며 세심히 살피곤 했다. 나는 성경을 암송하는 것이었는데, 딸은 그것을 '성경 안 보고 읽기 놀이'라고 했다.

기도 응답을 받는 확실한 방법이 있다. 하나님의 관심사를 놓고 기도하는 것이다. 우리가 정말 기도해야 할 문제는 자기 마음을 아프게 하는 문제가 아니라, 하나님의 마음을 아프게 하는 문제다.

다람쥐와
딸 바보

혼자 먹은 짜장면

1995년 3월 2일, 딸은 초등학생이 되었고, 아내와 나는 학부형이 되었다.

당장 문제가 생겼다. 딸은 12시면 집에 오는데, 아내는 초등학교 교사이고 나는 신학대학원 학생이었다. 딸을 돌볼 사람이 없으니, 혼자 열쇠를 가지고 다니면서 집에 들어와야 하고 혼자 점심을 챙겨 먹어야 했다.

하루는 아내가 딸한테 짜장면 값을 주고 갔다.

딸이 중국집에 갔는데, 아무리 기다려도 종업원이 주문받을 생각을 안 했다. 부모가 뒤따라 들어올 줄 알았던 것이다.

딸이 종업원을 불러서 주문을 했다고 한다. 그리고 그 종업원은 혼자서 짜장면을 버무려서 먹는 딸을 한참 바라보았다고 한다. 어쩌면 그 식당 최연소 손님이었을 것이다. 딸은 이렇게 세상에서 혼자 사는 법을 배웠다.

아무래도 너무 일찍 배운 것 같다.

조금 천천히 배워도 되는데….

기도의 힘 ─────

나와 아내가 둘 다 집을 비웠기 때문에, 딸은 초등학교 입학과 함께 홀로서기를 연습해야 했다. 아무도 없는 집에 혼자 들어와서 아내가 아침에 차려 놓은 밥을 먹고, 내가 올 때까지 알아서 노는 것이 딸의 일과였다.

아마 3월이었을 것이다. 어쩌면 4월이었을 수도 있다. 당시 나는 시간표까지 통일해서 늘 붙어 다니던 친구들이 있었다. 그날도 그 친구들과 어울려 점심을 먹고 100원짜리 자판기 커피를 마시며 시간을 보내다, 오후 수업 시간에 맞춰 강의실에 들어왔다.

교수님이 출석을 불렀고 대답도 했다. 성이 강이어서 번호가 빨랐다. 그런데 불현듯 집에 가고 싶었다. 막연히 집에 가고 싶다는 생각이 든 것이 아니다. 당장 집에 가지 않으면 안 될 것처럼 집 생각에 사로잡혔다. 집에 가야 한다는 생각 말고는 아무 생각도 없었다.

교수님은 출석을 부르는 중인데, 나는 주섬주섬 가방을 챙겼다. 친구들한테 손을 흔들어 인사를 하고는 강의실을 나왔다. 전부 어리둥절한 표정으로 나를 쳐다봤고 어떤 친구는 나지막한 목소리로 이유를 묻기도 했지만, 할 수 있는 말이 없었다. 나 역시 영문을 몰랐다.

나는 자전거를 타고 다녔다. 학교가 광나루였고 집이 풍납동이었으니, 천호대교만 건너면 되었다. 20분쯤 걸렸던 것 같다. 자전거 페달을 밟으면서 속으로는 계속 '내가 왜 이러지? 내가 왜 이러지?'라는 생각을 했지만, 알 수가 없었다. '도깨비한테 홀렸나?' 싶기도 했다.

집에 도착했다. 자전거를 세우고 계단을 올라가는데, 중얼거리는 딸 목소리가 들렸다. '얘가 누구하고 얘기하지? 친구하고 같이 왔나?' 하면서 올라가노라니, 딸 목소리가 또렷하게 들렸다.
"하나님, 우리 아빠 빨리 오게 해주세요. 우리 아빠 빨리 오게 해주세요."

열쇠를 잃어버려서 집에 들어가지도 못하고, 현관문 앞에서 기도하는 중이었다. 소름이 오싹 끼쳤다. 나는 그날 오후에 세 시간 더 수업이 있었다. 하마터면 딸이 그 시간까지 점심도 못 먹은 채 문 앞에서 기다릴 뻔했다.

그런 놀라운 일은 그날이 마지막이었다. 딸이 그다음부터 열쇠를 잘 챙긴 것도 아니다. 열쇠는 그 후에도 서너 번 더 잃어버렸다. 그때마다 문 앞에서 기도를 한 것이 아니라, 현관문 손잡이에 가방을 걸어 놓고 놀러 갔기 때문이다.

기도 응답이 없는 가장 큰 이유는 기도하지 않기 때문이다.

대견함과 바람직함 ————————

이사를 했다.

요즘처럼 포장 이사를 해도 정신없이 바쁜데, 당시는 포장 이사가 아니어서 정신이 없었다. 이사하는 집이 연립 3층이었는데, 사다리차를 이용할 수 없어서 더 그랬다.

부산하게 움직이다 보니 점심때가 지났다.

시간을 확인한 아내가 깜짝 놀라서 딸한테 물었다.

"수연아, 배 안 고파?"

"고파."

"왜 말 안 했어? 배고프다고 해야지."

"엄마가 바쁜데 어떻게 배고프다고 해? 참아야지."

대견하기는 한데, 바람직한 일인지는 잘 모르겠다.

집에서는 그렇게 처신한다고 해도, "하나님, 바쁘실 텐데 저는 신경 쓰지 마세요. 제가 알아서 할게요"라고 하지는 말았으면 좋겠다.

낮이 긴 하루 ──────

신학대학원 3학년 때 '성서의 지리와 역사'라는 선택과목이 있었다. 18박 19일 동안 이집트, 요르단, 이스라엘을 탐방하고 리포트를 쓰는 것으로 수업이 진행되었다.

"이모 집에서 아홉 밤 자고 고모 집에서 아홉 밤 자면, 엄마 아빠가 선물 사 올게"라는 말로 딸을 달래고는 아내와 함께 다녀왔다. 그리고 이듬해에는 튀르키예에 갔다 올 생각을 했다. 그때는 딸을 데리고 갔다.

카이로까지의 열네 시간 비행에 고생했던 기억 때문에 딸이 장시간 비행을 힘들어하지 않을까 걱정했는데, 수월하게 지나갔다. 어른은 오랜 시간을 좁은 좌석에서 보내려니 힘들 수밖에 없지만, 아이는 상대적으로 좌석이 넓기 때문이다. 어쨌든 딸은 제주도까지 늘 한 시간짜리 비행기만 타다가 이스탄불까지 열 시간 비행기를 탔다.

튀르키예와 우리나라는 여섯 시간 시차가 있다. 그때 우

리나라를 출발한 시간을 기억하지는 못하지만, 오전 열
시에 출발했으면 도착 시간이 우리나라 시간으로는 오후
여덟 시, 현지 시간으로는 오후 두 시가 되는 셈이다.

딸이 의아하게 여겼다. 어두워질 시간이 지났는데 왜 어
두워지지 않는지 신기했던 것이다. 그런 딸한테 지구의
자전과 공전을 설명해 주었다. 그리고 그날 딸의 일기를
보았다.

"…아빠가 얘기해주었는데 무슨 말인지 모르겠다. 어쨌
든 오래 놀 수 있어서 좋다."

초등학교 1학년 꼬마가 시차가 생기는 이유를 꼭 알아야
하는 것은 아니다. 낮이 길면 낮이 긴 대로 열심히 놀면
된다. 하나님께서 하시는 일을 우리가 어떻게 일일이 알
겠는가?

예전에 한 청년이 물었다.

"하나님이 정말로 우리를 사랑하세요?"

"응, 왜?"

"실감이 안 나서요."

"어떻게 해야 실감 나는데?"

"뭔가 좀 잘되는 일이 있어야죠."

"하나님 하실 일은 하나님이 어련히 알아서 하신다. 하나님 하실 일 신경 쓰지 말고 너 할 일이나 제대로 해라. 너는 하나님 사랑하냐?"

우리는 우리 할 일만 하면 된다.

어떤 기도 ─────

토요일이다. 그런데 딸이 잘 생각을 안 한다.

평소에는 10시 되기 전에 알아서 잠자리에 들더니,

무슨 영문일까?

아내가 재촉했다.

"얼른 자. 내일 주일이잖아. 늦잠 자면 어떻게 하려고?"

"아니야. 늦게 자도 일어날 수 있어."

"어떻게?"

"잘 때 기도하면 돼."

그런 기도를 어디서 배웠을까?

기도와 알라딘 마술램프를 구별하지 못하는 것은

초등학교 저학년 때로 끝났으면 좋겠다.

릴레이(1)

1학년 운동회,

딸이 1학년 청군 대표 릴레이 선수라고 했다. 신기했다.
나는 운동 신경이 거의 없다. 다섯 명이 뛰면 5등, 여섯 명
이 뛰면 6등을 했고, 오래달리기는 항상 제일 오래 뛰었
다. 그런데 딸은 자기네 반에서 달리기를 제일 잘한다는
것이다.

릴레이 시간이 되었다. 1학년 여자, 1학년 남자, 2학년 여
자, 2학년 남자 순으로 진행되어 6학년 남자가 제일 나중
에 뛰니까, 딸이 1번 주자인 셈이다.

출발선에 선 딸이 보였다. 그런데 한눈에 보기에도 상대
를 잘못 만난 것 같았다. 딸보다 한 뼘은 더 큰 애가 나란
히 서 있었다. 하기야 딸이 작기는 했다. 생일이 2월 28일
이니 동급생 중에 막내였다. 그런데 상대는 또래 중에도
커 보였다. 그렇다고 상대를 바꿔달라고 할 수도 없는 노
릇이다.

"탕!" 하는 총성과 함께 경기가 시작되었다. 처음 몇 미터

는 딸이 앞섰지만, 이내 뒤처지고 말았다. 사진을 찍으려고 카메라를 들었다가 깜짝 놀랐다. 그렇게 일그러진 딸의 얼굴을 처음 보았기 때문이다. 아무리 이를 악물고 달려도 상대와의 거리는 좁혀지지 않았다. 그런 상대를 쫓느라고 정말 젖 먹던 힘까지 내는 중이었다.

딸이 인상을 펴려면 어떻게 하면 될까? 간단하다. 경주를 포기하면 된다. "나 안 해!" 하면서 배턴을 집어던지고, 운동장을 가로질러 나오면 된다. 하지만 상대를 이길 수 없다는 이유로 경기를 포기할 수는 없다. 경주자의 책임은 상대방보다 빨리 뛰는 것이 아니라 끝까지 뛰는 것이다.

우리가 세상을 사는 것도 마찬가지 아닐까? 포기하면 편하다. 하지만 그럴 수는 없다. 그래서 늘 아등바등한다. 어제도 아등바등 살았고, 오늘도 아등바등 살았다. 내일도 아등바등 살 것이다. 그것이 우리 책임이다.

마르바 던이 한 말이 생각난다.

"아무리 형편없는 경주를 마쳤어도 하나님은 당신을 위해 면류관을 준비해 두셨습니다. 당신이 경주를 멈추지만 않는다면…."

릴레이(2) ─────

2학년 운동회,

딸은 올해도 릴레이 선수였다. 마침 릴레이가 끝나면 점심시간이었다. 출근했다가 릴레이 시간에 맞춰서 학교로 갔다. 운동장 구석을 따라 자리를 펴고 앉은 학부모들이 보였지만, 우리는 그럴 여건이 안 되었다. 아내는 학교에서 못 나온다고 했고 내가 도시락을 챙겨 온 것도 아니니, 릴레이가 끝나면 식당에 데리고 가서 점심을 사 먹여야 했다.

운동회 릴레이는 의외의 변수로 승부가 갈린다. 지금까지 내가 본 릴레이는 다 그랬다. 배턴이 관건이다. 배턴을 떨어뜨리지 않은 쪽이 이긴다.

하필 딸이 배턴을 건네받다가 떨어뜨리고 말았다. 얼른 집어 들고 다시 달렸지만, 상대방보다 늦을 수밖에 없었다. 그렇게 릴레이가 끝났다.

당시 딸은 냉면을 무척 좋아했다. 딸을 데리고 냉면집으로 갔다. 그런데 이상했다. 딸이 한마디도 하지 않는 것이었다. 냉면집에 가는 동안에도 고개를 숙이고 걷기만 하더니, 냉면집에 간 다음에도 고개를 숙이고 먹기만 했다.

이유를 짐작하는 것이 어렵지 않았다. 배턴을 떨어뜨려서 경주에 졌기 때문이다. 그런 실수를 하지 않고 제대로 달려서 상대방보다 먼저 배턴을 건네줬으면 할 말이 굉장히 많았을 것이다. 혹시 자기가 배턴을 늦게 건네받았는데도, 상대방을 추월이라도 했으면 할 말이 얼마나 많았을까?

딸이 배턴을 일부러 집어던진 것이 아니다. 실수로 떨어뜨렸다. 그런데도 아빠 앞에서 고개를 못 들었다. 하물며 우리가 맡겨진 십자가를 고의로 외면한다면, 천국에 가서 주님을 어떻게 뵐까? 그냥 고개 푹 숙이고 밥만 먹으면 될까?

치마와 반장 ──────

학기 초가 되면 반장 선거를 한다. 딸도 나가고 싶은 마음은 있는데, 떨어질 것을 걱정하는 눈치였다. 떨어질 것을 염려해서 안 나가는 것보다는 나가서 떨어지는 게 낫다고 해도 도리질을 쳤다.

그런 딸한테 아내가 한 수 가르쳐줬다.

"반장에 뽑히려면 남학생한테서도 표가 나와야 하는데, 남학생들은 옷을 예쁘게 입고 다니는 여자애를 좋아하거든. 그러니까 당분간 치마를 입고 다녀라."

딸은 유치원 때도 치마를 입지 않았다. 한번은 이유를 물었다가 황당한 답을 들었다.

"치마를 입으면 싸움을 못 하잖아!"

선생님이 지켜보고 있으니 설마 유치원 친구들과 치고받고 싸운다는 말은 아닐 테고, 어떤 걸 싸움이라고 했을까? 어쨌든 뭔가 과격한 몸동작이 있는 모양이었다.

그런 딸이 고민에 빠졌다. 선생님인 엄마가 하는 말이니

까 무조건 신뢰할 만하다. 며칠만 치마를 입으면 반장을
할 수도 있다.

결론을 내렸다. 아무리 당분간이라도 치마를 입어서 반
장이 될 바에는 차라리 안 한다는 것이었다.

오래전 책에서 읽은 내용이 있다. 폐암 판정을 받은 남자
가 있었다. 의사가 술, 담배를 끊어야 한다고 하자, 단호
하게 말했다.

"내 낙이 이것뿐인데, 이걸 끊고 무슨 재미로 산단 말이
오? 계속 살던 대로 살겠소."

우리가 죄의 유혹을 받을 때 그래야 한다는 것이 글의 요
지였다. 목숨마저 거들떠보지 않을 만한 단호함으로 일
체의 타협을 거부해야 한다는 것이었다.

하기야 세상을 그만 살겠다는 사람을 무슨 수로 말리겠
는가? 정말 하나님을 향하여 그렇게 올곧을 수 있으면 좋
겠다.

기도하십니까? ————

딸과 길을 가는데, 뒤에서 오토바이 엔진 소리가 들리더니 중국집 오토바이가 우리를 앞질러 갔다.

딸이 멀어지는 오토바이를 보면서 말했다.

"짜장면 아저씨 순 나빴다."

"왜?"

"맨날 다른 집에만 갖다 주고 우리 집에는 한 번도 안 갖다 주잖아."

그렇게 해서 그날 우리 집 저녁 메뉴는 짜장면이 되었다.

"너희가 얻지 못함은 구하지 아니하기 때문이요"라는 야고보서 말씀이 생각났다.

승단 심사와 주일

딸이 태권도 도장에 다녔다.

나는 띠 색깔을 흰띠, 노란띠, 파란띠, 빨간띠, 검은띠로 알고 있었는데, 초록띠도 있고 빨간색과 검은색이 섞인 띠도 있었다. 아이들의 성취욕을 자극하려고 세분한 모양이다.

딸이 태권도 도장에 다닌 지 얼마나 지났을까?

승단 심사를 받을 때가 되었다.

그런데 승단 심사는 항상 주일에 있었다.

태권도 사범이 딸에게 말했다.

"아빠한테 말씀드려서 다음 일요일에는 교회 한 번 빠지고 승단 심사 가자."

딸이 안 된다고 했다.

사범은 왜 안 되는지 이해를 못했다.

아빠한테 말했는데 허락을 못 받은 것도 아니고, 딸이 안 된다고 한 것이다.

그렇게 그 주가 지났고, 그런 일이 몇 번 더 있었다.
딸은 주일을 빼먹고 승단 심사를 받는 대신, 태권도 도장을 끊는 쪽을 택했다.

어떤 것을 선택한다는 얘기는 다른 것을 포기한다는 뜻이다. 이것도 저것도 다 얻는 수는 없다.
어떤 것을 택하고 어떤 것을 버리는지가 그 사람의 정체성을 보여준다.

다시 찾은 자전거 ——————

딸은 학교에 갔다 오면 자전거를 타고 노는 것이 일과였다. 집에 오자마자 가방 내팽개치고 자전거를 타고 나갔다. 목적지는 따로 없었다. 그냥 동네를 돌아다녔다. 대부분 학원에 다녔기 때문에, 같이 놀 친구를 찾는 것도 쉬운일이 아니었다. 딸한테는 자전거가 친구였다.

그런 자전거를 잃어버렸다. 잠깐 세워 두었는데, 누군가 타고 가버린 것이다. 딸의 상심이 이만저만이 아니었다. 딸이 시무룩하니 같이 마음이 아팠다.

대체 누가 타고 갔을까? 훔쳐간 것은 아니고 누군가 호기심에 타고 갔을 텐데, 타고 간 다음에 어디 버렸을까?

그런 생각을 하며 자전거 페달을 밟아 집으로 오는데, 뭔가 이상했다. 내가 평소에 다니던 길이 아닌 다른 길로 가는 것이었다. 관계는 없었다. 살짝 돌아가기는 하지만, 크게 도는 것은 아니었다.

그게 전부가 아니었다. 내가 가는 길이 갑자기 막다른 길이라는 생각이 들었다. '이리로 가면 막다른 골목인데, 내가 왜 이리로 가고 있지?' 하면서 다른 골목으로 접어들었다. 그리고 다음 순간, '뭐야? 저 골목이 막다른 골목도 아닌데, 왜 막다른 골목이라고 착각했지?'라는 생각을 했다. 무엇엔가 홀린 느낌이었다.

정말 이상한 일이었다. 늘 다니던 길을 놓아두고 엉뚱한 길로 접어들기도 했고, 멀쩡한 길을 막다른 골목이라고 착각하면서 다른 길로 가기도 했다. 나 스스로 내가 왜 이러나 싶었는데, 다음 순간, 어떤 집 쪽문 너머로 딸의 자전거가 보였다!
정말 신기했다.
심마니들이 "심봤다!"를 외칠 만한 감격이었다.

쪽문을 열고 들어가서 "계십니까? 계십니까?" 몇 번을 불렀는데 아무 대답이 없었다. 아마 그 집 아이가 딸의 자전거를 타고 갔든지, 아니면 누군가 딸의 자전거를 타다가 버리고 간 것을 그 집 아이가 또 탄 모양이었다. 나중에 다시 올까 하다가, 혹시 자전거를 다른 데 버릴까 싶어서 끌고 나왔다.

반색하는 딸한테 내가 뭐라고 했을까?

"자전거 잃어버려도 우리한테는 하나님이 계시니 걱정 없다. 마음 놓고 타고 다녀라"라고 하지 않았다. "이번 한 번은 이렇게 찾았지만, 앞으로는 조심해라. 잠깐 한눈팔다가 또 잃어버리면 다시는 못 찾는다"라고 했다.

하나님은 절대 은혜를 낭비하지 않으신다.

방학 숙제 ———————

2학년 여름방학이 끝나고 내일 개학이다.

딸한테 물었다.

"숙제 다 했어?"

나는 당연히 다 했다고 할 줄 알았다.

그런데 황당한 답을 했다.

"아니."

깜짝 놀랐다. 여태 숙제를 안 하면 어떻게 한단 말인가?

"내일 개학인데 어떻게 하려고?"

"괜찮아. 혼나면 돼."

순간 내 귀를 의심했다.

나는 전형적인 모범생이었다. 선생님이 하라고 한 것을
안 한 적이 없고, 하지 말라고 한 것을 해본 적이 없다.

아내도 마찬가지였다. 혹시 어떻게 아느냐고 물을 사람
이 있을까? 아내와 나는 초등학교 동창이다. 처갓집이 우
리 집에서 180미터 거리다.

그런데 둘 사이에서 태어난 딸은 누구를 닮은 걸까?

교인 중에 고향 선배가 있었다. 교회 생활도 같이 했으니
나나 아내를 다 잘 알았다. 하도 기가 막혀서 그 말을 했
더니, 마찬가지 반응을 보였다.
"목사님도 안 닮고 사모님도 안 닮고, 대체 누구 닮은 거
예요? 혹시 옆집 아저씨 닮았나?"

그런 말이 가능한 것은 농담이기 때문이고, 그런 농담도
할 수 있는 사이이기 때문이다. 실제 상황이라면 하늘이
무너질 만큼 큰일 날 말이다.

하나님의 백성인 우리가 마귀 새끼를 닮는 일은 절대 없
어야 한다. 아무리 사소한 일이라도 그렇다.

날다람쥐 먹을래

내가 공부한 장로회신학대학원은 광나루에 있다. 근처에 다람쥐마을이라는 식당이 있었는데, 도토리사골탕이 아주 맛있었다. 친구들과 어울려 몇 번 간 적이 있다.

어머니께서 올라와 계실 때의 일이다. 밖에 나가서 저녁을 먹자고 했더니 좋다고 하셨다. 뭐 먹느냐고 물으시기에 다람쥐 고기를 먹으러 가자고 했다. 어머니가 질겁하셨다. 다람쥐를 어떻게 먹느냐는 것이었다.

내가 맛있다고 너스레를 떠는데, 딸이 말을 받았다.

"아빠, 정말 다람쥐 먹으러 가?"

"응."

"그럼 난 날다람쥐 먹을래."

"왜?"

"날다람쥐가 먹을 게 더 많을 거잖아."

그것이 초등학교 2학년 여자애한테서 나올 말인지 지금도 잘 모르겠다.

하여간, 범상치 않은 아이인 것은 분명하다.

알면서 속아주기 ─────────

누이동생이 일산에 살아서 가끔 놀러가곤 했다.
누이동생 아들이 딸보다 생일이 석 달 빠른데,
둘이 무척 친했다.

돌아오는 차 안에서 딸은 늘 재잘거렸다.
그런데 집에 도착할 무렵이 되면 갑자기 조용해진다.
자는 척하는 것이다.
깨어 있으면 자기 발로 걸어서 가야 하지만, 자는 척하면
아빠가 안아서 자기 침대에 눕혀주니, 자는 척하지 않을
이유가 없다.

내가 자는 척할 일은 없을 것이다.
하지만 내가 자는 사이에
내 할 일을 대신 해주는 사람은 있었으면 좋겠다.

장기 자랑 ―――――

1996년 6월에 전임전도사 사역을 시작하면서 중고등부와 청년부를 같이 지도했다. 딸은 그때 초등학교 2학년이었다. 곧 여름 수련회가 시작되었는데, 중고등부와 아동부가 수련회를 같이 했다. 점심을 먹고 다음 프로그램을 준비하는데, 딸이 와서 물었다. "장기 자랑하라는데 뭐해?"

"성경 암송하면 되잖아."

"어디?"

"음, 로마서 8장."

"너무 길잖아. 12장 하면 안 돼?"

"장기 자랑인데, 이왕이면 긴 데 해야지."

딸이 암송하는 동안, 뒤에서 수군거리는 소리가 들렸다.

"쟤 누구야?"

"새로 오신 전도사님 딸."

"와! 어쩐지….".

이렇게 해서, 딸은 교회 간 지 한 달 만에 모든 선생님들의 기를 죽였다.

공짜 인생 ─────

"크리스마스 선물 뭐 해줄 거예요?"

그런 질문에 "뭐 갖고 싶어?"라고 하는 것은 가풍에 어긋난다. 짐짓 시큰둥하게 반문했다.

"크리스마스가 네가 태어난 날도 아닌데, 왜 네가 선물을 받아?"

내가 가풍을 지켰으니, 딸이 피가 가짜가 아닌 것을 보일 차례일까?

"아빠는 3월 1일에 만세 불러서 3·1절에 놀아?"

크리스마스에 태어나지도 않았으면서 크리스마스 선물을 받고, 3월 1일에 만세를 부르지도 않았으면서 3·1절을 공휴일로 보내는 것처럼, 우리는 하나님께 순종하지도 않았는데 의롭다 칭함받는다.

참 수지맞은 사람들이다.

30년 격차

딸이 어디서 무슨 말을 들었을까? 난데없이 물었다.

"아빠 어릴 때 부자였어?"

"응."

"어느 만큼?"

"동네에서 제일 부자였어."

"와! 좋겠다."

그러면서 정말로 부러운 듯한 눈으로 나를 보았다.

딸이 모르는 사실이 있다. 내가 자랄 적에는 밤에 화장실에 가는 것이 무서웠다. 하지만 딸은 아무런 무서움 없이 화장실에 간다. 예전에는 화장실(화장실보다 변소가 더 어울린다)이 마당 한쪽 구석에 있었는데, 지금은 실내에 있다. 내가 어렸을 적에는 특별한 날에만 소고기를 먹었는데, 딸은 소고기를 특별하게 여기지 않는다. 내가 초등학생 때만 해도 콜라나 사이다는 소풍날에나 먹을 수 있었는데, 지금은 그렇지 않다.

내가 어린 시절에 누렸던 것들 중에 딸이 누리지 못하는 것은 아무것도 없다. 오히려 훨씬 더 부요하고 넉넉한 환경에서 자라고 있다. 30년 전에는 부잣집 아들도 누리지 못하던 것을, 지금은 평범한 집 딸이 누린다.

그런데도 딸은 "아빠가 어렸을 적에는 부자였다고 하더라"라는 사실 한 가지만을 놓고 부러워한 것이다. 다른 사람과 비교한 상대적인 차이를 부러워하겠다면 말릴 방법은 없지만, 그것이 부러워할 가치가 있는지는 모르겠다.

가끔 아브라함이나 모세, 다윗을 부러워하는 사람이 있다. 그들이 하나님의 특별한 은혜를 입은 사람일 수 있다. 하지만 지금 우리가 받는 은혜에는 미치지 못한다. 그들에게는 내주하시는 성령님의 사역도 없었고, 계시의 완성인 성경도 없었다.

우리가 아브라함이나 모세, 다윗을 부러워할 것이 아니라, 그들이 우리를 부러워해야 한다. 우리는 아브라함이나 모세, 다윗을 넘는 수준으로 하나님을 섬겨야 하는 사람들이다.

노방전도

부활절이 되었다. 아동부에서 삶은 달걀을 가지고 노방전도를 나갔다. 나중에 딸이 웃으며 말했다.

"어떤 아저씨한테 달걀과 전도지를 드렸더니, 전도지는 필요없다면서 안 받고 달걀만 받아서 갔어. 그러면서 소금은 왜 안 주느냐고 묻더라."

그리고 한마디 보탰다.

"다음부터는 전도지에 뿌려서 줄까?"

딸은 재미있는 사람이 있더라는 뜻으로 말했지만, 나는 재미있게 들리지 않았다.

전도지에 있는 얘기는 식상하게 생각한다. 그런 내용보다는 달걀을 더 요긴하게 여기고, 달걀 먹는 데 필요한 소금을 더 요긴하게 여기는 사람이 얼마든지 있다.

우리는 어떨까? 우리 역시 하나님께서 무엇을 원하시는지에는 관심 없는 채, 세상에서 먹고사는 문제에만 관심이 있을 수 있다.

"하나님, 그건 다 알아요. 그만 말씀하세요. 저에게는 이 문제가 더 급하단 말예요"라는 마음이 누구에게나 있다.

전도지는 외면한 채 소금을 찾는 모습이 사실은 우리 모습이다. 불신자를 흉볼 틈이 없다. 우리가 정신 차려야 한다.

잠버릇 ───────

딸은 어렸을 때부터 사방을 돌아다니면서 잤다. 자다 깼는데, 나와 아내 사이에 있어야 할 딸이 없어서 놀란 적이 한두 번이 아니었다. 그때마다 방 한쪽 구석에서 딸을 찾았다. 문이 열려 있었으면 거실까지 나갔을 것이다.

그랬던 버릇 때문일까? 가끔 딸 방에서 "쿵" 소리가 들리곤 했다. 자다가 침대에서 떨어진 것이다. 딸 방에 가보면 침대에서 떨어진 채로 자고 있다.

그때마다 신기했다. 침대에서 떨어졌는데도 어떻게 안 깰 수 있을까?

"쿵" 소리가 안방까지 들렸으니 살살 떨어진 것도 아닌데….

잠에서 안 깨는 것이 문제가 아니다.

딸의 인생행로를 방해할 수 있는 것이 아무것도 없었으면 좋겠다.

잘못된 예화

무슨 행사였는지 내가 아동부 설교를 한 적이 있다.
"이 다니엘이 다리오왕의 시대와 바사 사람 고레스왕의
시대에 형통하였더라"(단 6:28)라는 구절을 설명하면서,
다니엘은 전학을 가도 계속 반장을 한 격이었다고 했다.

집으로 돌아오는 차 안에서 딸이 말했다.
"우리 교회 언니 오빠들 중에 반장인 언니나 오빠가 있어,
없어?"
"아무도 없는 것 같은데…."
"그런데 그렇게 말하면 이해가 되겠어?"

다른 목사들은 설교 끝난 다음에 아내 눈치를 본다는데,
나는 왜 딸 눈치를 봐야 할까?
뒷좌석에 앉은 딸의 구박에 뒤통수가 간질거렸다.
퇴근길이 유난히 밀리는 것 같았다.

야구장 미아빠

주후 2000년 5월 5일,
딸의 마지막 어린이날이다.
며칠 전부터 어린이날 선물로 야구장에 가자고 했다.

야구장은 사실 부담스럽다.
일단 경기 시간이 너무 길다.
세 시간을 넘기는 것은 기본이고,
네 시간을 넘기는 경우도 왕왕 있다.

하지만 딸이 마지막 어린이날이라고
며칠 전부터 얘기한 것을 모른 척할 수도 없었다.
책 한 권 챙겨 들고 야구장에 갔다.
딸이 야구를 보는 동안 옆에서 책을 읽을 생각이었다.

딸이 야구장 타령을 한 것은 교회학교 선생님 영향이다.
딸을 지도했던 선생님이 야구광이었다.

딸을 데리고 두 차례나 야구장에 갔다 왔다.
딸은 야구장이 초행이 아니었던 것이다.

두리번거리는 내 손을 잡아끌며 말했다.
"아빠, 잘 따라와. 나 놓치면 미아빠 돼."
이 세상에는 미아(迷兒)만 있는 것이 아니라
미아빠도 있는 모양이다.

딸이 야구장에서 나를 인도한 것처럼,
불신 부모를 인도하는 교회학교 아이들도
있었으면 좋겠다.

축구 선수 ────────

딸이 학교에서 오자마자 가방만 놓아두고 바삐 나간다.
"어디 가?"
"옆 반하고 축구 시합 있어."
"응원해야 해?"
"아니, 나도 선수야."

여자애가 남자애들과 어울려 골목에서 공놀이만 해도 선머슴 같다는 말을 들을 텐데, 당당하게 학급 대표 선수라는 것이다.
축구를 하고 싶어도 대표에 끼지 못해서, 구경만 하는 남학생들도 있었을 것이다.

축구를 할 때 편을 가르는 방법에는 보통 두 가지가 있다.
제일 잘하는 애 두 명이 가위바위보를 해서 한 명씩 지명하는 방법과, 실력이 비슷한 애들끼리 짝을 지어서 가위바위보로 편을 나누는 방법이다.

나는 첫 번째 방법으로 편을 나누면 제일 나중에 지명되었고, 두 번째 방법으로 편을 나누면 아무도 나하고 짝을 하지 않으려고 했다.

그런데 딸은 첫 번째 방법으로 편을 나눌 때 자기보다 늦게 지명되는 남자애가 몇 명인지 아느냐며 으스대었다.

딸이 백점 맞은 얘기는 나 닮아서 좋고 이런 얘기는 나 닮지 않아서 좋으니, 풍부에 처할 줄도 알고 궁핍에 처할 줄도 아는 것이 이런 경우일까?

왜 먹어?

저녁을 먹고 과일을 먹는 중에 딸이 말했다.

"난 먹으면 키가 커. 아빠는 배만 나오잖아. 그런데 왜 먹어?"

아빠를 구박하는 게 취미인 딸이 농담으로 한 말이었겠지만, 그 말을 듣는 순간 고린도후서 6장 1절 말씀이 떠올랐다. "우리가 하나님과 함께 일하는 자로서 너희를 권하노니, 하나님의 은혜를 헛되이 받지 말라."

밥을 먹었으면 키가 커야 하고, 은혜를 받았으면 신앙이 자라야 한다. 은혜를 받았다고 하면서 신앙이 자라지 않는 것은 무효다.

설교 말씀에 은혜받았다고 하면서, 그 말씀을 기준으로 자기를 고치는 게 아니라 오히려 남을 정죄할 수도 있고, 은혜받았다고 하면서 하나님 쪽으로 가는 게 아니라, 세상 욕심에 대한 기대를 부풀릴 수도 있다.

하나님의 은혜를 헛되이 받아서 그렇다.

나 닮지 않은 딸 ──────

딸이 학교 대표로 육상 경기에 나간 적이 있다.

하필 그날 옆 반에서 발야구를 하자고 제안했다고 한다.

반 아이들이 이구동성으로 대답했다.

"안 돼, 강수연 없어. 내일 해."

학생 시절, 체육 시간이면 늘 축구를 했다.

그때마다 듣던 질문이 있다.

"너, 어느 편이냐?"

내가 축구를 하는 모습만으로는 어느 편인지 구별이 안

되었던 모양이다.

딸은 나와 전혀 딴판이니, 그 옛날 바리새인의 기도라도

흉내 내야 할 모양이다.

"하나님이여, 제 딸은 저, 곧 축구도 못하고 달리기도 못

하던 저와 같지 아니하고 제 형제와도 같지 아니함을 감

사하나이다. 제 딸은 반에서 축구 대표 선수이고, 발야구

는 에이스 멤버이옵니다."

토끼와
딸 바보

수학

중학교 2학년 수학책에 소금물 농도 구하는 문제가 있었던 것을 기억한다. 지금도 마찬가지인 모양이다.

딸이 수학책을 갖고 와서 그런 문제를 풀어달라고 했다.

설명하다 말고 문득 이상하다는 생각을 했다.

나는 수학을 상당히 잘했었기 때문이다.

아내한테 물었다.

"당신 혹시 학교 다닐 때 수학 못했었어요?"

아내가 대답했다.

"그거 따지면 뭐해요? 그거 따지면 애가 수학 잘하게 된 대요?"

우문현답이 아마 이럴 때 쓰는 말일 것이다.

교회에서 책임을 따지는 것이 그렇다.

누구 책임인지 따지면 무엇을 할까?

핸드폰 ⎯⎯⎯⎯

딸이 중 2가 되면서 핸드폰 타령을 했다. 애초에는 대학생이 되면 사 주려고 했는데, 고등학생이 되면 사 주는 쪽으로 생각을 바꿀 무렵이었다.

아내가 엉뚱한 말을 했다. 이번 학기에 반에서 5등 안에 들면 사 준다고 한 것이다. 나는 그런 것이 참 싫었다. 예전에 아버지가 늘 그랬기 때문이다. 무슨 일이든지 성적과 결부 지어서 말씀하셨다. 그래서 나는 절대 그렇게 하지 않으려고 했는데, 아내가 그만 먼저 나서버렸다.

내가 그 말을 번복하면 엄마의 권위에 문제가 생긴다. 그렇게 해서 반에서 5등 안에 들면 핸드폰을 사 주기로 약조가 되었다.

기말고사가 끝났다. 그리고 여름방학을 하는 날, 딸은 얼른 성적표를 확인해서 핸드폰을 살 수 있기를 기대하며, 들뜬 마음으로 학교에 갔다. 그런데 돌발 변수가 생겼다. 선생님이 성적표를 나눠 주지 않는 것이었다. 개학하면

준다고 했다.

그 말에 학생들은 다 좋아했을 것이다. 성적표가 늦게 나오는 것을 싫어할 학생은 없다. 하지만 딸한테는 하늘이 무너지는 소리였다. 핸드폰은 어떻게 한단 말인가?

딸이 해결책을 생각해냈다. 반 학생들의 총점을 확인하기로 한 것이다. 그렇다고 해서 한 사람, 한 사람 전부 알아야 하는 것은 아니다. 성적이 상위권인 학생들의 총점만 알면 된다. 친분 정도에 따라서 총점을 묻기도 했고, 자기 총점을 가르쳐준 다음 그보다 높은지 낮은지 묻기도 했다. 그렇게 했더니 자기보다 성적 좋은 학생이 세 명이었다.

한달음에 집에 달려온 딸은 신나는 발걸음으로 핸드폰을 사러 갔다. 정말 엄청난 친화력이고 놀라운 추진력이다. 뭘 하든지 잘할 애가 분명하다.

언제부터? ────────

아내와 나는 초등학교 동창이고 같은 교회에 다녔다. 그래서 둘이 언제부터 교제했느냐는 질문을 종종 받는데, 딱히 대답할 말이 없다. 나도 모르기 때문이다. 물론 아내도 모른다.

요즘은 서로 사귀기로 하고 사귄다. 오늘부터 1일이라는 말도 하고, 만난 지 100일이라는 말도 한다. 하지만 예전에는 그런 게 없었다. 10년 넘게 연애한 것은 맞는데, 언제부터 사귀었는지 무슨 수로 안단 말인가?

어느 날 딸이 진지하게 물었다.
"아빠는 엄마하고 언제부터 사귀었어?"
"몰라."
"고모가 초등학생 때부터라고 하는데, 맞아?"
"초등학생 때부터는 아냐."
"그럼 언제부터야?"

"몰라."

"좀 얘기해 줘. 뭐 어때? 나도 다 컸는데…."

"아니, 정말 몰라."

모른다는 대답만으로는 부족하다. 모를 수밖에 없는 이유도 설명해줬다. 그래도 마음에 안 드는 눈치였다. 하지만 별수 없다. 마음에 안 든다고 해서 모르는 것이 알게 되지는 않는다.

예전에 언제 주님을 인격적으로 만났느냐는 질문을 받은 적이 있다. 그런 질문에 명쾌하게 대답하면 흥미 있게 들을 수 있다. 하지만 대답을 못하면 어떤가? 지금 주님과 동행하고 있으면 그만이다.

월드컵 ────────

2002년 월드컵 때 딸은 중2였다. 우리나라가 폴란드를 이겼을 때, 친구들과 어울려 밖에서 응원하고 들어온 딸은 무척이나 상기된 표정이었다. 집에 와서도 계속 신나는 목소리로 떠들었다. 왠지 손해 보는 느낌이었다.

내가 처음 월드컵 경기를 본 것은 1986년이었다. 그때 멕시코 월드컵에서 우리나라는 아르헨티나에게 3대 1, 이탈리아에게 3대 2로 지고, 불가리아와 1대 1로 비겨서 1무 2패로 예선 탈락했다.

1990년 이탈리아 월드컵에서는 벨기에에게 2대 0, 스페인에게 3대 1, 우루과이에게 1대 0, 3전 전패의 성적으로 예선 탈락했다.

1994년에는 미국에서 월드컵 경기가 열렸다. 우리나라는 스페인과 2대 2, 볼리비아와 0대 0으로 비기고, 서독에게 3대 2로 져서 2무 1패로 또 예선 탈락했다.

1998년 월드컵은 프랑스에서 열렸다. 멕시코에게 3대 1, 네덜란드에게 5대 0으로 지고, 벨기에와 1대 1로 비겨서

1무 2패로 예선 탈락했다. 1986년부터 1998년까지, 우리나라가 이기는 것을 단 한 번도 보지 못했다.

월드컵 시즌만 되면 남미나 유럽 사람들이 이상하다는 생각을 했다. 축구 한 경기 이긴 것에 왜 그리 광분하는지 이해가 안 되었다. 뉴스를 통해서 그런 보도를 볼 때마다 국민성이 참 특이하다고 생각했다.

그러다가 우리나라에서 월드컵이 열렸다. 폴란드와 첫 경기를 했는데 2대 0으로 이겼다. 월드컵 본선에서 처음으로 승리를 거둔 것이었다. 미국과의 경기는 1대 1로 비겼지만, 포르투갈을 1대 0으로 이겼다. 16강전에서 이탈리아를 이겼고, 8강전에서 스페인도 이겼다. 그때마다 온 나라가 뒤집어졌다. 광복 이후 최대 사건이라는 말도 나왔다.

나는 유럽이나 남미의 국민성이 특이해서 그렇게 열광하는 줄 알았는데, 우리나라도 마찬가지였다. 그동안 왜 그렇게 조용했느냐 하면, 번번이 지기만 해서 흥분할 기회가 없었던 것이다.

늘 죄와 타협하면서 죄와의 싸움을 이겨본 경험이 없는 사람은 그것이 얼마나 신명나는 일인지 모른다. 그냥 편하게 믿으면 되는데, 왜 저렇게 유난을 떠는지 이해가 안 될 수도 있다. 축구 경기 끝났으면 잠이나 자지, 왜 밖에 나와서 경적을 울려대며 소란을 부리는 것일까? 쓸데없이 교회 중심에서 속 썩는 사람보다, 자기가 더 지혜롭다고 생각할 것이다.

각설하고, 나는 우리나라가 월드컵 경기에서 이기는 것을 보기 위해서 16년을 기다렸다. 그런데 딸은 처음 응원한 경기에서 승리를 맛본 것이다. 손해를 본 듯한 느낌은 분명하지만, 이런 손해는 자주 봤으면 좋겠다.

사춘기 ————

사춘기(思春期)를 글자 그대로 하면 봄을 생각하는 시기가 된다. 사춘기의 특징으로 이성에 대한 호기심을 말하는 것이 그런 때문이다. 하지만 사춘기는 자아의식이 높아지는 시기다.

사춘기 전에는 "아빠가 이거랬어", "선생님이 이렇게 하래"라는 말을 아무렇지 않게 쓴다. 그런데 사춘기가 되면 왜 그래야 하는지를 생각한다. 자기의 판단에 따라 행동하고 싶은 것이다. 그래서 사춘기를 반항기라고도 한다. 전에는 "이렇게 해라"라고 하면 "예"라고 했는데, 어느 날 갑자기 "왜 그래야 하는데요?"라고 하기 때문이다.

딸도 그런 시기가 있었다. 그렇게 해서 나타난 특징 중의 하나가 자기 방에 들어오지 못하게 하는 것이었다. 자기만의 공간을 갖고 싶은 마음이야 이해하지만, "내 방이야. 나가"라는 말을 들으면 은근히 서운했다. 괘씸하기도 했다. 자기가 내 집에 살면서, 내 집에 있는 방을 자기 방이라고 우기는 건 무슨 경우일까?

우리가 하나님께 그렇게 하고 있다. 이 세상 모든 것이 다 하나님의 것이다. 심지어 우리 생명조차 하나님의 것이다. 그런데 늘 우리 것이라고 착각한다. 하나님을 이 세상 우주만물의 주인이라고 하는 것은 립 서비스일 뿐이다.

우산 유감 ────

지금은 그렇지 않지만, 젊었을 때는 우산 쓰는 것을 참 싫어했다. 어지간한 비는 그냥 맞고 다녔다.

신학대학원 재학 시절, 수업 마치고 집에 가는데 비가 내렸다. 정문 근처에서 기숙사에 있는 동기를 만났다. 둘이 따로 우산을 쓰고 오다가, 나를 보더니 한 동기가 대뜸 우산을 내밀었다. 자기들은 기숙사에 다 왔으니 상관없다는 것이었다.

"괜찮아요. 저는 비 맞아도 돼요."

"왜요?"

"가방에 우산 있는데 쓰기 싫어서, 그냥 가는 중이거든요."

쓰지도 않을 우산이 왜 가방에 있는가 하면, 아내가 넣어주었기 때문이다.

딸도 우산 쓰기를 싫어했다. 아침부터 비가 퍼부으면 모를까, 오후에 비가 온다고 해서 우산을 챙기는 법은 없었다. "오늘 비 온대. 우산 갖고 가"라고 아무리 말해도 소용 없었다. 그리고 나중에 비가 온다며 데리러 오라고 전화한다.

다른 요일은 그나마 괜찮지만, 수요일이면 얘기가 달랐다. 설교 준비로 정신이 하나도 없는데 나갔다 와야 하기 때문이다. 그런데 화를 낼 수가 없다. 내 유전자를 물려받았기 때문인 것을 어떻게 한단 말인가?

가끔 하나님이 왜 선악과를 만들었느냐는 질문을 받는다. 분명한 사실은 우리 범죄에 하나님은 조금도 책임이 없다는 사실이다. 우리 범죄에 하나님 책임이 0.00001퍼센트라도 있으면, 하나님은 죄를 심판하실 자격이 없게 된다.

쌀국수 ──────

딸과 같이 쌀국수를 먹은 적이 있다.

메뉴판에 쌀국수 사진이 죽 있고, 그 옆에 R, L이라는 영어 대문자와 함께 가격이 있었다. R 8,000원, L 10,000원 하는 식이다.

딸이 R, L이 뭐냐고 물었다. 그런 질문에 레귤러(regular), 라지(large)라고 답하는 것은 재미가 없다.

"라이트(right), 레프트(left)잖아. 오른손으로 먹으면 8천 원, 왼손으로 먹으면 만 원!"

그리고 얼마나 지났을까?

또 쌀국수 집에 갔다.

메뉴판에 R, L 대신 S, R이 있었다.

같은 메뉴를 regular, large로 나누는 것과 small, regular 로 나누는 것에 어떤 차이가 있을까?

R 8,000원, L 10,000원.

S 8,000원, R 10,000원.

regular와 large로 나누는 것은 짜장면을 보통과 곱빼기로 나누는 격이다. 많이 먹을 사람은 large를 시키면 된다. small과 regular로 나누면 regular, large로 나눌 때보다 양이 적어 보인다. small을 regular로, regular를 large로 주문하게 하는 효과를 기대할 수 있을 것 같다. 물론 regular, large로 나누는 것에 비해 가격이 비싸 보이기는 할 것이다.

혼자 생각했다.

어떻게 하는 것이 매출에 더 도움이 될까? 내가 업소 주인이면 어떻게 했을까? 대중적인 쌀국수 집을 운영하면 R, L로 나누고, 고급스러운 쌀국수 집을 운영하면 S, R로 나누지 않나 싶다.

쌀국수 집이 매사에 매상을 기준으로 삼는 것처럼, 우리는 매사에 하나님의 영광을 기준으로 삼았으면 좋겠다.

수학여행

나는 고2 때 수학여행을 갔었는데, 딸은 고1 때 수학여행을 다녀왔다. 요즘은 입시 부담을 예전보다 심하게 느껴서 그렇게 바뀐 것 같다.

내가 고2였을 때 형이 대학생이었다. 서울 살던 형이 숙소로 나를 데리러 와 외박을 했는데, 서울에 친척이 있는 학생들은 대부분 그렇게 했다.

그런데 딸은 서울에서 제주도로 갔다. 제주도에 친척이 있는 학생이 누가 있을까? 친척이 찾아온 학생은 딸이 유일했다. 장모님과 처제들, 그리고 동서들이 찾아간 것이다. 수학여행을 다녀온 딸이 말했다.

"아빠, 우리 반 애들 술은 내가 다 먹였어."

딸이 호출을 받고 나가는데, 같은 반 친구들이 사방에서 술 얘기를 했다고 한다. 수학여행에서는 일탈의 재미가 빠질 수 없는데, 외출한 학생이 딸 혼자였으니 술을 추진

할 학생도 딸뿐이었던 것이다.

식사를 마친 다음, 딸이 친구들 부탁으로 술을 사 가야 한다는 말을 꺼냈다. 처가 식구들이 일사불란하게 움직였다. 귤 한 박스를 산 다음 일부를 덜어내고, 그 속에 술을 숨기고 다시 귤로 덮었는데, 그 일을 장모님이 지휘했다고 한다. 동서 한 명이 딸한테 얘기했다.
"이거, 아빠한테 얘기하지 마!"
맏동서가 목사라서 켕긴 모양이었다.

"그나저나 장모님! 아직 학생인 손녀한테 술을 사 주면 어떻게 합니까?"

누가 빠를까?

딸이 고2이던 어느 날, 식사 자리에서 내가 물었다.

"동생 필요해? 동생 낳아 줄까?"

딸이 대답했다.

"아빠가 애를 낳아? 차라리 내가 낳는 게 빠르겠다."

하마터면 입에 있는 것을 뿜을 뻔했지만,

그 말을 들을 때만 해도 일리 있게 들렸다.

20년이 지나도록 아무 소식이 없을 줄은 차마 몰랐다.

진작 내가 동생을 낳아 줄 걸 그랬나 싶다.

피곤한 나날 ────────

"오늘따라 왜 이리 피곤하지?"
혼잣말로 중얼거렸다.
묻지도 않은 말에 딸이 대답했다.
"아빠 요즘 그 말 매일 하는 거 알아?"

듣고 보니 그런 것 같았다.
오늘따라 피곤한 것이 아니다.
사는 게 본래 피곤한 일이다.
그 피곤한 나날이 누적되는 동안,
어떤 것을 남기는지가 문제다.

시험 끝난 날 ────────

시험을 좋아하는 학생도 있을까?

시험이 끝나면 일단 홀가분하다.

하지만 그게 전부일 수 없다.

잘 봤는지 못 봤는지 따져야 한다.

딸이 시험이 끝났다고 한다.

"잘 봤어?"

"아빠! 나, 지금 시험 끝나서 기분 좋은데, 꼭 그런 걸 물어봐야 해?"

나는 시험을 못 보면 조용히 지냈는데,

얘는 누구를 닮아서 이렇게 당당한지 모르겠다.

연애하기 좋은 때 ────

가끔 볼링을 치러 가곤 했다.

나는 애버리지 150, 아내는 120, 딸은 130 정도 나왔다.

중간에 딸이 안 보였다. 자기 차례인 걸 생각 안 하고 화장실에 갔나 싶었는데, 그게 아니었다. 조금 떨어진 곳에서 웬 남학생과 얘기를 나누는 중이었다. 딸에게 물었다.

"누구야?"

"몰라."

"무슨 말 했어?"

"전화번호 물어보던데…."

격세지감을 느꼈다.

내가 고등학생 때는 아내한테 전화할 엄두도 못 냈다. 남학생이 여학생에게 전화를 하는 것은 불호령이 내려질 일이었다. 그런데 부모와 같이 있는 여학생에게 전화번호를 물어보다니….

누군가 요즘은 연애하기 참 좋은 때라고 했다.

예수 믿기 좋은 때도 있었으면 좋겠다.

고등어 미디엄

아내가 며칠 집을 비웠다.

딸과 둘이 점심을 먹어야 했다.

아내가 딸한테 점심 식탁을 인계하고 갔다.

고등어를 구워 먹으라며, 전자레인지에서 고등어 굽는
요령을 설명하는 것을 귀 너머로 들었다.

다음날 점심 때가 되었다.

딸이 점심을 차리는데,

고등어 굽는 것이 생각처럼 쉽지 않았던 모양이다.

나한테 물었다.

"아빠, 고등어 미디엄 괜찮아?"

아내가 잘못했다.

스테이크를 준비하고 갔어야 했는데,

왜 고등어를 준비했을까?

학원 다닌 효과 ━━━━━

딸이 중학교 2학년 때 학원에 보내달라기에 내가 그랬다.
"공부야 자기가 알아서 하는 거지, 학원은 무슨 학원이
냐? 그냥 성적 떨어져라."

일 년쯤 지났다. 성적표를 받아 왔는데, 살짝 불만스러웠
다. "이건 좀 심하지 않아?"

"아빠! 독학이야, 독학. 우리 반에 학원 안 다니는 애는 나
뿐이야. 독학해서 이만큼이면 잘하는 줄 알아."

고3 여름방학이 되었다. 수학 학원만 보내달라고 졸라서
결국 보내줬다. 학원 다닌 지 얼마나 되었을까?

"아빠, 학원 다니니까 바로 효과가 나타나는데!"

성적이 올라간다는 뜻이 아니다.

아직 며칠 지나지도 않았다.

남학생들이 전화번호를 물어본다는 뜻이다.

자기 자리에 캔커피가 놓인다는 말도 했다.

학원 다닌 효과가 확실하다.

신문의 충격 ────

딸이 신문을 보고 있는데, 내가 달라고 한 적이 있다. "수연아, 신문 좀 갖고 와봐라"라고 했더니 "지금 보고 있잖아!"라고 했다. 그 말이 상당한 충격이었다. 내가 딸 때문에 가장 크게 충격을 받은 사건이었다.

나는 아버지께서 신문을 보시기 전에 내가 먼저 보는 것을 상상도 해본 적이 없다. 나도 그랬고 형도 마찬가지였다. 간혹 아버지께서 평소보다 늦게 일어나시는 날에는 아버지께서 신문을 볼 때까지 기다렸다가 신문을 보곤 했다. 으레 그렇게 하는 것으로 알고 있었으니, 그 사실에 대해서 불편을 느껴본 적도 없고 불만을 가져본 적도 없다.

하나밖에 없는 딸을 대체 어떻게 키웠기에 이렇게 버릇이 없는지, 낙심천만이었다. 애 교육 좀 제대로 시키라고 아내를 나무라기도 했다. '이렇게 버릇없이 자라서 장차 뭐가 되려고 하나? 이 아이를 대체 어떻게 가르쳐야 하나?' 하는 문제로 한참을 고심했다.

스트레스를 받기는 딸도 마찬가지였다. 딸은 딸대로 "아빠는 왜 항상 아빠 마음대로만 하느냐?"라는 이유로 심통이 났다. 나중에 아내가 판정을 내렸다. "당신은 그렇게 자랐지만, 이제는 시대가 달라졌다. 애를 그렇게 키우면 안 된다"가 아내의 판정이었다.

아버지의 권위가 예전과 다르다고 한다. 내가 자랄 때만 해도 엄격한 가부장제 사회였는데, 이제는 그렇지 않다. 억울하기는 하지만, 그러려니 하고 넘어가기로 했다. 나는 아버지에게 한 번도 해보지 않은 말대꾸를 딸이 나에게 꼬박꼬박 하는 것이 마음에 안 들지만, 시집갈 때까지만 참으면 된다.

하지만 도저히 참을 수 없는 것이 있다. 아버지의 권위를 예전만큼 인정하지 않는 것은 시대가 달라졌기 때문이라고 하자. 그러면 주님의 권위가 예전만큼 인정되지 않는 것은 어떻게 해야 할까? 그것도 시대가 달라졌기 때문일까? 그것만큼은 참을 수 없다. 앞으로도 참을 마음이 없다.

엿과 강냉이 ——————

엿을 먹는데 뭔가 딱딱한 게 씹혔다. 불길한 느낌이 들었다. 조심스레 뱉어보니, 아닌 게 아니라 이가 깨진 조각이었다. 엿 먹다 엿 먹은 기분이었다.

고등학교 동창이 치과 의사여서 치과 진료는 항상 거기로 간다. 진료를 마치고 나오는데, 간호사가 말했다.

"앞으로 엿처럼 끈적이는 것은 드시지 마세요. 사탕도 깨물어 먹으면 안 되고 살살 녹여서 드세요."

그런 말에는 그냥 "예" 하면 되는데, 엉뚱한 답을 했다.

"싫어요. 다음에 빠지면 또 올게요."

그리고 얼마나 지났을까? 옥수수를 먹는데 또 뭔가 씹혔다. 이번에도 이가 깨진 조각이었다.

딸이 말했다. "아빠, 강냉이 먹다 강냉이 털렸어?"

엿 먹다 엿 먹은 기분과 강냉이 먹다 강냉이 털린 기분이 같은 기분이었다.

목사의 비애 ———

부교역자 생활을 청산하고 교회를 개척했다.

많은 부침이 있었다. 타 지역으로 이사를 한 것도 아닌데, 교우가 떠날 때는 많이 속상했다. 크지도 않은 교회에 한 가정이 빠져나가면 교회가 휑하게 된다. 몇 번 경험하면 적응될 만도 한데, 도무지 적응이 안 되었다.

그러던 어느 날, 무슨 얘기 중이었을까?

딸이 말했다.

"난 딴 교회 가지도 못해."

상당한 충격이었다.

하기야 딸이라고 해서 내가 목회하는 교회가 무조건 마음에 들 수는 없다.

그래도 하나님 마음에는 들었으면 좋겠다.

모기와 십자가 ———

강단에서 기도를 했다.

모기한테 물렸다.

가렵다.

물린 곳이 부풀어 올랐다.

사진을 찍어서 가족 단톡방에 올렸더니, 딸이 답을 했다.

"십자가 찍어요."

십자가를 왜 찍으라고 할까?

어쨌든 다시 강단에 가서 십자가를 찍었고,

단톡방에 사진을 올렸다.

그런데 그게 아니었다.

모기 물린 데가 가려울 테니까,

손톱으로 십자가 자국을 내라는 말이었다.

내가 너무 경건한 생각만 한 모양이다.

시험과 초밥 ————

예비고사를 보던 날,
어머니가 유난히 극성스럽게 느껴졌던 기억이 있다.

내가 고등학생 때는 정규 수업이 일주일에 55시간이었다. 월요일부터 금요일까지는 10시간이었고, 토요일만 5시간이었다. 월요일마다 주초고사를 보았고, 실력고사, 모의고사, 배치고사, 월말고사, 기말고사 등등 시험 종류도 많았다.

게다가 예비고사 성적으로 대학에 진학하는 것이 아니라 본고사가 따로 있었으니, 예비고사를 본다고 해서 특별한 느낌이 없었다. 그냥 시험을 보는 것뿐이었다.

어머니는 안 그러셨다. 당시는 점심을 밖에 나와서 먹을 수 있었는데, 마침 이모님 댁이 내가 시험 본 고사장 근처였다. 점심시간에 이모님 댁으로 오라고 해서 갔더니, 잘 차려진 한 상이 준비되어 있었다. 그날 난생처음 초밥을 먹었다.

세월이 지났다. 딸이 수학능력시험을 보게 되었다. 수험 장소까지 태우고 갔다. 내리기 전에 차에서 잠깐 기도했다. 수험장으로 들어가는 딸의 뒷모습을 보니 콧등이 찡했다. 바야흐로 딸이 생존경쟁의 현장으로 내몰리는 것이다.

시험이 끝났다. 잘 봤는지 못 봤는지는 묻지 않았다. 대신 다른 걸 물었다.

"저녁 뭐 먹을래?"

"초밥!"

그 옛날 나도 예비고사를 보던 날 초밥을 먹었는데, 딸도 수학능력시험을 보고서 초밥을 말했다.

딸과 나는 피를 나눈 사이가 분명하다.

한 말과 안 한 말 ————

나는 공부 스트레스를 상당히 많이 받고 자랐다.

공부하라는 잔소리를 늘 들었다.

수학여행을 앞두고 가정통신문이 나왔을 적에는 갔다 와서 공부 열심히 한다고 약속하면 수학여행을 보내준다고 하시기에 "그럼 안 가겠습니다"라고 반항하기도 했다.

그렇게 자라면서 '난 이다음에 내 자식한테 공부하라는 잔소리는 절대 하지 말아야지' 하고 마음먹었다.

결혼을 했다.

딸을 낳았다.

딸이 초등학생이 되고 중학생이 되고 고등학생이 되도록 공부하라는 말을 한 번도 하지 않았다. 내 결심을 그대로 실천한 것이다.

어느 날 딸이 말했다.

"아빠가 공부하라는 말은 안 했는데, 대신 뭐라고 했는지 알아?"

"뭐라고 했는데?"

"'내가 너한테 공부하란 말 안 하잖아'라고 했어."

스스로 알아서 하라는 압력인 셈이다.

어쩌면 그 말을 듣는 딸은 속으로 '차라리 대놓고 공부하라고 하지'라고 했을 것도 같다.

고양이와
딸 바보

어버이날 ────

딸이 재수를 하던 시절, 학원에 갈 시간에 나와 아내는 아침을 먹었다.

어버이날이었다.

방에서 나온 딸이 현관으로 가면서 손바닥으로 식탁을 내려쳤다.

부모가 식사 중인 식탁을 내려치는 황당한 경우가 어디 있을까?

그냥 내려친 게 아니었다.

손바닥 밑에 만 원짜리 두 장이 있었다.

"이걸로 맛있는 거 사 먹어. 꽃은 준비 못 했어."

그러고는 현관에서 신발을 신다 말고 소리쳤다.

"만 원씩 나눠 갖지 마!"

그날 딸이 준 이만 원으로 사이좋게 삼계탕을 사 먹었다.

마침 삼계탕이 만 원이었다.

진심 위로, 진심 축하 ──────

딸이 3수 끝에 대학 진학에 성공했다.
대학에 떨어질 때마다 위로하느라고 귀걸이도 사주고 목걸이도 사줬는데, 이번에는 그럴 필요가 없었다.

어느 날 딸이 말했다.
"대학 입시에 실패했을 때는 진심으로 위로해주는 사람이 참 많았거든. 그런데 합격하니까 진심으로 축하해주는 사람이 별로 없네."

로마서에 "즐거워하는 자들과 함께 즐거워하고 우는 자들과 함께 울라"는 말씀이 있다. 얼핏 생각하면 같은 난이도를 갖는 일 같지만, 절대 그렇지 않다.
남의 슬픔을 자기 슬픔인 양 위로하는 일은 어지간한 사람이면 할 수 있다. 하지만 남의 기쁨을 자기 기쁨인 양 축하하는 것은 그 사람을 사랑하는 사람만 가능하다.

딸의 인간미 ─────

딸이 대학 첫 학기를 마쳤다.

집으로 성적표가 왔다.

전부 A 아니면 A+였는데, 생뚱맞게 D가 하나 있었다.

A, B, C가 골고루 있으면 D가 있어도 어색하지 않지만, 죄
다 A, A+인데 난데없이 D가 무슨 영문일까?

B+는 아니라도 최소한 B여야 하는 것 아닐까?

의아한 표정을 짓는 나에게 딸이 말했다.

"봤지? 이게 내 인간미야. 사람이 완벽하면 못 써!"

그 D가 A나 A+였으면, 그 말이 어떻게 바뀌었을지 궁금
했다.

딸의 권세 ─────

요즘 데이트하는 커플을 보면 남자가 여자 가방을 들어
주는 예가 흔하다.
예전에는 그렇지 않았다. 남자가 여자 가방을 들어주는
것은 상상도 못할 일이었다.
화장실 앞에서 여자 가방을 들고 기다리다가, 친구를 만
나면 창피하게 여겼을 정도다. (제주시에서는 데이트를 하다
가 동창을 만나는 경우가 종종 있었다.)

세대 차이일 수 있지만, 가방 차이도 있을 것 같다.
요즘 가방은 예전 가방에 비해서 상당히 크다.
예전에는 가방이라고 하지 않고 핸드백이라고 했다.
지갑과 손수건, 손거울 등이 들어 있는 것이 고작이었는
데, 요즘 여자 가방은 뭐가 들었는지 제법 무겁다.

퇴근길, 횡단보도에서 딸을 만났다.
"아빠! 무거워."

대뜸 자기 가방을 벗어서 나에게 준다.

예전에 연애하던 시절에는 아내가 데이트 도중 화장실에
가게 되면 미안한 표정으로 핸드백을 맡겼는데,
딸은 당연한 권리를 행사하는 것처럼 가방을 맡겼다.

하필 핑크색이었다.
양복 입은 신사가 핑크색 가방을 매는 것이 어울릴까?
그런 것은 따질 겨를이 없었다.
그냥 맸다.

영접하는 자한테 하나님의 자녀가 되는 권세가 있는 것
처럼, 딸한테는 아빠에게 핑크색 가방을 매게 할 수 있는
권세가 있는 모양이다.

밥값 떠밀기

나도 대학 다닐 적에 아르바이트로 과외를 했었는데, 딸도 과외를 했다. 차이가 컸다. 나는 일주일에 6일을 가르쳐서 한 달에 5만 원을 받았는데, 딸은 일주일에 이틀 가르치고 50만 원을 받았다. 그런 과외를 세 건이나 했으니, 엄청난 고소득자였다.

딸과 이틀 계속 점심을 먹은 적이 있다. 아내가 어딘가 갔던 모양이다. 식당에 가면서 말했다.
"요즘 돈도 많이 버는데, 네가 쏘는 거지?"
"그런 게 어디 있어? 밥은 아빠가 사야지."

식당에 가는 내내 티격태격하다가 장난기가 발동했다. 교회 청년들과 친구들에게 메시지를 보내서 자초지종을 알리고, 이런 경우에 누가 밥값을 내야 하는지 물었다. 이내 답이 오기 시작했는데, 오는 답마다 내가 사야 한다고 했다. 전부 짠 모양이었다. 그런데 한 친구가 엉뚱한 답을 했다. "묵찌빠 삼세판!"

딸한테 보여줬더니 좋다고 했다. 그렇게 해서 밥값 내기 묵찌빠 삼세판을 했는데, 내가 졌다. 이럴 줄 알았으면 내가 산다고 할 걸, 괜히 내기하자고 했다.

어쨌든 밥은 먹었다. 그런데 돌발 변수가 생겼다. 내가 지갑을 안 갖고 나온 것이었다. 별수 없이 딸이 내야 했다. 일부러 안 갖고 나온 것 아니냐는 원망은 들었지만, 괜히 고소했다.

다음 날이 되었다. 또 식당에 갔다. 어제 일도 있으니 밥값을 누가 내는지로 싸울 일은 없었다. 그냥 조용히 먹었다. 내가 먼저 다 먹었는데, 마침 전화가 왔다. 아무 생각 없이 밖에 나와서 전화를 받았다. 통화를 끝내고 보니 딸이 이미 계산을 한 상태였다. 어제는 고소했는데, 이번에는 미안했다.

딸이 말했다.

"내일은 신발 끈 풀었다 묶을 거야?"

딸 바보, 그냥 바보 ─────────

언제부터인지 바보라는 말이 부쩍 자주 들린다.
딸 바보, 아들 바보, 조카 바보, 손주 바보….
우리 주변에는 참 다양한 바보가 있는 모양이다.

누이동생이 내 딸한테 물었다.
"네 아빠, 딸 바보지?"
딸이 대답했다.
"아뇨, 그냥도 바보예요."

딸 바보는 어떤 사람이고, 그냥 바보는 어떤 사람일까?
어쨌든, 모든 사람이 예수 바보였으면 좋겠다.

라식수술 ━━━━━━

딸이 라식수술을 했다. 침대에 누우면 천장이 또렷하게 보이는 것이 신기하다고 했다.

라식수술 전에는 좌우 시력 불균형이 심해서 고생했는데, 그런 불편도 없어졌다.

마치 인생이 라식수술 전과 후로 나뉘는 것 같다는 딸의 말을 들으니, 살짝 호기심이 생겼다.

"나도 라식수술 할까?"

"아빠는 하지 마."

"왜?"

"아빠는 가릴수록 멋있어."

앞으로 마스크를 착용하고, 선글라스를 끼고 다녀야 할 모양이다.

비현실과 초현실 ────────

딸한테 지금까지 성경을 몇 번이나 읽었는지 물어본 적이 있다. 속으로 열서너 번 정도 읽었을 것으로 생각했는데, 아직 열 번도 안 읽었다고 했다.

눈치를 보니 7-8번 정도 읽은 모양이었다. 변명을 하느라 그랬는지, 다른 말을 보탰다. 그래도 이제는 성경을 읽는 것이 부담스럽지 않다는 것이었다.

그 말이 순간적으로 이해가 되지 않았다. 이제는 성경을 읽는 것이 부담스럽지 않다면, 전에는 부담스러웠다는 뜻이 된다. 불현듯 '사람들에게는 성경이 읽기에 부담스러운 책일 수 있겠구나'라는 생각이 들었다.

나는 성경 읽는 것을 부담스럽게 느껴본 기억이 없다. 창세기부터 읽기 시작하면 금방 민수기와 신명기를 지나고, 사무엘과 열왕기를 지나고, 시편 지나고, 이사야, 예레미야 지나고, 다니엘 지나면 구약이 곧 끝난다. 마태복음부터 읽기 시작하면 사도행전 지나고, 고린도전

후서 지나고 히브리서 지나면 금세 요한계시록이다.

나는 항상 이렇게 생각했는데, 딸의 말을 들으니 그렇게 생각하지 않는 사람도 있을 것 같았다.

내가 현실을 너무 모르는 말을 하고 있을까? 그래도 별수 없다. 내가 정말로 현실과 동떨어져 있다면, 굳이 현실에 접근하고 싶지 않다. 아니, 내가 모르는 현실이 따로 있다는 사실을 인정하기 싫다.

얼마 전에 우연히 어떤 TV 드라마를 봤다. 제목도 모르고 내용도 모른다. 한 장면만 봤을 뿐이다. 미니스커트를 입은 아가씨가 의자에 앉은 채 늘씬한 다리를 뻗어 보이며 자기 몸매를 자랑한다.

"제 몸매는 왜 이렇게 리얼리티가 떨어지죠? 도무지 현실성이 없어요."

현실성이 없는 것이 그런 것이면 전부 부러워할 것이다. 내 얘기가 바로 그렇다. 적어도 신앙에 대해서는 현실을 무시하고 싶다. 현실 앞에서 맥을 못 추는 신앙을 보는 것이 너무 싫다. 이왕 예수 믿는 것, 대책 없이 믿어야지, 온갖 계산 다 한 다음에 믿는 것은 믿는 것이 아니지 않을까? 우리는 현실에 근거하는 사람들이 아니라, 신앙에 근거하는 사람들이다.

스마트폰 ————

예전에는 핸드폰에 카메라 기능이 없었다.

핸드폰에 카메라가 달렸다는 말을 듣고 의아하게 여겼던 기억이 있다.

핸드폰으로 통화만 하면 되지, 그런 기능이 왜 필요하단 말인가?

나한테는 사업가 마인드가 없는 것이 확실하다.

스마트폰이 나왔다.

핸드폰에 컴퓨터가 내장된 것이라고 한다.

딱히 필요성을 못 느꼈다.

나는 전형적인 방콕족(族)이다.

늘 컴퓨터 켜 놓고 설교 준비를 하는 것이 일과이니, 굳이 휴대용 컴퓨터가 있어야 할 이유가 없었다.

아마 내 주변 사람 모두가 스마트폰을 쓰는 것을 확인하고, 제일 마지막으로 스마트폰으로 바꿨을 것이다.

가장 먼저 차이를 느낀 것이 배터리 소모 시간이었다.

이전과 비교가 안 되었다.

혼자 중얼거렸다.

"스마트폰은 배터리가 왜 이리 빨리 닳는 거야? 계속 충전해야 하잖아."

딸이 답을 말해줬다.

"아빠, 일을 많이 하나 적게 하나, 똑같이 먹는 건 사람뿐이야."

밥값을 못하면 먹는 것이라도 줄여야 하는데, 고민은 고민이다.

뱃살이 달리 찌는 게 아니다.

화이트데이 ─────

3월 14일을 화이트데이라고 한다.

교회 근처 마트에 가서 사탕과 초콜릿을 종류별로 다 샀다. 양이 제법 많았다. 딸 침대에 쏟아부으니 침대가 거의 찰 만큼이었다. 그것을 이불로 덮어 두었다. 자리에 들려던 딸한테는 일종의 깜짝선물인 셈이다.

그런데 딸은 군것질을 거의 안 한다. 아내 역시 그렇다. 우리 집에서는 나만 주전부리를 한다.

다음날부터 출근할 때마다 딸 방에 들러, 사탕과 초콜릿을 한 움큼씩 집어 들고 나왔다.

하루이틀도 아니고 매일 그랬더니, 딸이 싫은 기색을 내기 시작했다. 하기야 아침이면 이것저것 챙겨야 하는데, 아빠가 드나드는 게 신경 쓰였을 것이다.

"내 거잖아! 왜 아빠 맘대로 먹어?"

"넌 안 먹잖아. 원래 이러려고 산 거야!"

며칠 후에 다시 같은 대화가 반복되었다.

"그만 좀 먹어. 내 거야!"

"넌 보관만 해. 이게 내 의도였어."

그 사탕과 초콜릿을 다 먹을 때까지 그런 대화를 몇 번이나 더 했을까? 열 번에는 못 미쳐도 다섯 번은 더 했다.

그런 대화를 하는 사이에 봄이 지나고, 여름, 가을이 지났다. 내 생일이 되었다.

딸이 선물이라며 쇼핑백을 내밀었다.

뭔가 이상했다.

핑크색 원피스였다.

의아한 표정을 짓는 나한테 딸이 말했다.

"생일 선물이야. 아빠가 보관해. 내가 입으려고 샀어."

마태복음 10장 36절*의 성취가 확실하다.

* 사람의 원수가 자기 집안 식구리라

흥청망청 ────

딸이 가끔 제 엄마 몰래 손을 내밀곤 했다.

한번은 메시지가 왔다.

"아빠, 용돈 좀 줘."

"뭐 하려고?"

"흥청망청하려고."

통장으로 5만 원을 입금했더니, 이내 답이 왔다.

"이건 흥청밖에 못 하잖아. 망청은 하지 마?"

'흥청망청'은 연산군 때문에 생긴 말이다.

연산군은 전국 각지에 채홍사를 파견해서 미모가 뛰어난
여인을 뽑아 오게 했다. 양반, 평민을 가리지 않은 것은
물론이고, 노비나 창기, 심지어 유부녀도 예외가 아니었
다. 이렇게 뽑은 여자를 운평이라고 했다.

운평을 다시 심사해서 한양으로 데려가면 가흥청, 가흥
청을 최종 심사해서 뽑은 것이 흥청이다. 흥청이 궁궐에
들어가면 지과흥청이 되고, 지과흥청이 연산군과 동침을

하면 천과흥청이 된다.

연산군이 한양 근교로 나들이를 할 때 따라나선 흥청의 수가 1천 명이었다고 한다. 그 많은 숫자를 먹이고 입히고 재우고 단장시키려면 경비가 상당했을 것이다. 연산군의 이런 행각에서 '흥청망청'이라는 말이 나왔다. 국고를 물 붓듯이 부은 것이다.

마누라 자랑하면 팔불출이라는 말이 있다. 서방 자랑하면 팔불출이라거나 자식 자랑하면 팔불출이라는 말은 없는데, 유독 마누라 자랑은 팔불출이라고 한다.

이 말도 연산군 때문에 생겼다. 연산군의 색탐은 신하의 아내들도 가리지 않았다. 그러니 "아무개 대감 부인 미색이 뛰어나다더라"라는 말이 나돌면 큰일이다. 마누라 자랑은 팔불출이나 하는 짓이다.

그러면 뭔가 이상하다. 연산군이 죽은 것은 벌써 500년도 더 지난 옛날이야기다. 그러면 그 말도 없어져야 하는 것 아닐까?

어떤 사람이 아내를 자랑한다고 하자 옆에서 "어허, 이 사람! 마누라 자랑은 팔불출이나 하는 거야"라고 할 수 있다. 그러면 "무슨 소리야? 연산군이 죽은 지가 언제인데 아직도 연산군을 겁내?"라고 해야 하는 것 아닐까? 그런데 지금도 마누라 자랑을 하면 팔불출이라고 한다.

마누라 자랑을 하면 후환이 있느냐 없느냐가 문제가 아니다. 그 말이 사람들 심리에 맞다는 뜻이다. 자기는 자랑하고 싶은데, 남이 하는 자랑은 듣기 싫은 것을 어떻게 할까?

초보 운전자의 패기 ─────

딸이 초보 운전자이던 시절,
차를 갖고 나갔는데 연락이 왔다.
주차를 하다 세워져 있는 차를 박았다는 것이었다.
하필이면 BMW였다.

박기 전에 "아빠, 다른 차 박아도 돼?" 하고 물어봤으면
박지 말라고 했을 텐데, 이왕 박은 것을 어떻게 할까?
보험회사 전화번호를 알려주고는 보험 처리하라고 했다.
초보 시절에는 어차피 치러야 하는 통과의례일 수 있다.

저녁 늦은 시간에 집에 들어온 딸이 말했다.
"아빠, 난 아무 차나 안 박아."

그래, 이왕 고급 차를 박았으니, 인생도 잘 골라서 고급
인생을 살려무나!

불쌍한 심부름 ─────

딸이 속이 불편하다고 한다.

밥을 못 먹었다면서,

퇴근길에 죽을 사 오라는 연락을 받았다.

무슨 죽을 사 가면 될까?

교회와 집 사이에 죽 전문점이 세 군데 있다.

딸이 무엇을 좋아할지 몰라서,

세 군데 다 들러서 서로 다른 죽을 샀다.

입맛 내키는 것으로 골라 먹으라고 할 생각이었다.

그렇게 최대한의 성의를 베풀었는데,

쓸데없는 일 했다고 딸한테 구박받았다.

나는 참 불쌍하게 산다.

초상권 ————

딸이 10박 12일 일정으로 혼자 독일, 체코, 오스트리아,
스위스, 프랑스를 다녀온다고 한다.
허락은 했지만, 불안하기 짝이 없었다.
꼬박꼬박 연락하라고 신신당부했다.

출발하는 날, 인천공항에 가는 차 안에서 딸이 말했다.
"내 사진, 아빠 동창 밴드에 올리지 마."
"알았어."
"올리면 한 장에 20만 원이야."
"왜 그리 비싸?"
"10만 원이라고 하면, 10만 원 주고 올릴 거잖아."

지자막여부(知子莫如父)라고 했다.
자식을 아는 데는 부모만 한 사람이 없다는 말이다.
그런데 지부막여녀(知父莫如女)이기도 한 모양이다.

어쨌든 딸은 그렇게 유럽 여행을 떠났고,

돌아오는 날, 아내와 함께 마중을 나갔다.

딸을 태우고 오는데, 딸이 핸드폰을 달라고 했다.

아무 생각 없이 핸드폰을 줬더니, 동창 밴드를 검사하기

시작했다.

'아차!' 싶었지만 이미 늦었다.

석, 장, 걸렸다.

딸 얘기대로 하면 초상권으로 60만 원을 줘야 했는데, 여

행 출발 전에 아내 몰래 용돈 50만 원을 준 것이 있어서

그것으로 퉁쳤다.

히힛! 10만 원 벌었다.

아이스크림 ——

처제네 식구가 집에 와 있다. 처제한테 아이스크림을 주
문받고는, 퇴근길에 배스킨라빈스에 들렀다.

내가 고르는 메뉴는 항상 일정하다. 피스타치오 아몬드,
체리 주빌레, 아몬드 봉봉, 베리베리 스트로베리….
거의 20년을 그렇게 했더니, 언젠가 딸한테 구박을 받았
다.
"아빠 같은 사람만 있으면 배스킨라빈스에서 신제품을
개발할 이유가 없잖아!"
그다음부터는 배스킨라빈스에 가면 그냥 눈에 띄는 대로
고른다.
내가 무엇을 골랐는지 나도 모른다.
그날도 그렇게 했다.

처제가 물었다.
"형부, 이거 뭐?"

"아이스크림."

"무슨 아이스크림?"

"몰라."

"형부가 골랐잖아?!"

"응."

"뭐 골랐는데?"

"아이스크림!"

대체 뭐가 문제일까?

축복기도 ————

새벽에 집을 나서기 전에 딸 방에 들어가서 축복기도를
한다. 행여 딸이 깰세라 조심스럽게 들어간다.
가끔 딸이 기척을 느꼈는지 몸을 뒤척이기라도 하면,
잠을 방해한 것 같아 미안한 생각이 든다.
내 용무 때문에 들어간 것이 아니다.
기도해주러 들어갔는데도,
딸한테 방해될까 봐 신경 쓰인다.

딸이 자는 자세는 일정하지 않다.
바로 누워 잘 때도 있지만,
이불을 머리 위까지 뒤집어쓰고 잘 때도 있고,
벽 쪽으로 얼굴을 돌리고 잘 때도 있다.
그럴 때마다 딸의 얼굴이 안 보여서 은근히 서운하다.
날이 밝으면 딸이 다른 나라로 이민 가는 것이 아니다.
학교 갔다가 저녁 때 돌아올 것이다.
내가 잠자리에 든 다음에 들어오기도 하지만,

어차피 같은 집에 산다.

그런데도 딸의 얼굴이 안 보이면 서운하고,

보여야 흡족하다.

설마 나한테만 있는 마음일까?

모든 부모가 자식을 이렇게 키울 것이다.

나 역시 그렇게 컸을 텐데, 그때는 왜 몰랐을까?

가끔 똑똑, 주로 멍청 ─────

신학생 시절, 동갑인 친구가 있었다. 요즘은 노총각, 노처녀라는 말을 쓰지 않지만, 그때만 해도 노총각, 노처녀라는 말을 쓸 때였다. 그 친구도 이른바 노총각이었다.

1학년 1학기를 마치고 교육전도사 임지를 구했다는 말을 들었는데, 그것이 전부가 아니었다.

결혼 소식도 들렸다.

어떻게 된 영문인지 물었더니, 그 친구가 답했다.

"하나님이 나한테 양떼를 맡겼는데, 먼저 한 마리 잡았어."

그가 목사 안수를 받고 제주도에서 사역하다가, 그만 심근경색으로 일찍 세상을 뜨고 말았다.

아직 아이들이 어릴 때였다.

그 친구의 아버지가 돌아가셨다는 소식을 듣고 문상을 갔다.

친구의 아내가 아들에게 아빠 친구라며 인사하게 했다.

그 아이가 내게 물었다.

"저희 아빠는 어떤 분이셨어요?"

워낙 어린 나이에 아버지를 여의었기 때문에 아버지에 대한 기억이 없어서 물은 것이었는데, 그 질문에 가슴이 찡했다.

집에 와서 그 얘기를 했더니, 얘기를 듣던 딸이 말했다.

"저희 아빠는요, 가끔 똑똑하고요, 주로 멍청해요."

이렇게 해서 나는 가끔 똑똑하고,

주로 멍청한 사람이 되었다.

선한 데 지혜롭고 악한 데 미련하기를 원한다는 로마서 말씀과는 어떻게 연결되는지 모르겠다.

길치 —————

나는 길치다. 길눈이 어두운 것이 아니라 아예 없다.

길치라고 하면 사람들은 설명을 자세히 해주려고 하는데, 나는 설명을 자세하게 해줘야 알아듣는 수준이 아니다. 아무리 설명해줘도 못 알아듣는 수준이다.

이런 나한테 내비게이션은 정말 신의 선물이다.

그렇다고 해서 내비게이션 안내를 잘 따라가는 것도 아니다. 수시로 경로를 이탈해서 재검색해야 한다.

어쨌든 목적지를 찾아가기는 한다.

내비게이션이 없었으면 아예 불가능한 일이다.

아내와 딸을 태우고 어디론가 가는데, 내비게이션 안내를 연거푸 놓쳤다. 그런 내가 답답했는지 딸이 말했다.

"아빠는 사무실에서 책이나 써."

"책은 볼만해?"

"책은 내가 안 보면 되잖아."

딸 입담은 도무지 당할 수가 없다.

전천후 구박 ─────

점심 먹고 들어올 적에 커피를 사 들고 들어오기도 한다.

점심이 부족한 날도 아니고 커피가 당기는 날도 아니다.

단지 오후 일과를 시작하기 싫은 날이다.

아메리카노가 3,900원이다.

설탕 맛으로 커피를 마시는 나에게는 엄연한 과소비일
수 있지만, 지역 상권 활성화를 위한다는 명분으로 과감
하게 소비한다.

커피를 다 마시면, 또 모니터 째려보며 오후 일과 모드에
들어가야 한다. 머리를 쓰는 일은 역시 피곤하다.

언젠가 이 말을 했더니, 딸이 이랬다.

"어차피 아빠 머리는 쓸 데도 없잖아."

아무래도 얘는 아빠 구박하는 재미로 사는 모양이다.

덜 떨어진 낙엽 ─────────

가을은 천고마비의 계절이다.

부디 말만 살찌고 사람은 살찌지 않았으면 좋겠다.

가을이면 으레 떠오르는 단어들이 있다. 그중에 낙엽도 들어갈 텐데, 낙엽 대신 가랑잎이 떠오르면 안 될까? 괜히 시비를 거는 것일 수 있지만, "낙엽이 떨어진다"라는 말이 가능한지 의문이다. 이미 떨어져서 땅바닥에 구르는 것은 낙엽이 맞지만, 떨어지는 중에도 낙엽이라고 할 수 있을까?

영어로는 구별이 된다. 땅바닥에 구르는 것은 fallen leaves이고, 떨어지는 중이면 falling leaves이다. 이런 면에서 가랑잎은 참 편하다. 땅바닥에 굴러도 가랑잎이고, 떨어지는 도중에도 가랑잎이다. 시비를 걸 여지가 없다.

문제는 낙엽이다. 땅바닥에 떨어진 건 낙엽이 맞는데, 아직 땅바닥에 닿기 전에는 뭐라고 해야 하는지 잘 모르겠다. 덜 떨어진 낙엽이라고 하면 될까?

딸이 한마디 한다.

"아빠는 낙엽 덜 떨어진 것만 보이지? 나는 아빠가 덜 떨어져 보여."

초지일관 ────────

내가 어렸을 적에는 뻥튀기가 1원에 열 개였다.
하루는 이모가 집에 놀러왔다가 과자 사 먹으라며 10원을 주셨다. 그것으로 뻥튀기를 샀다.

뻥튀기 100개를 앞에 쌓아 두니 부자가 된 것처럼 뿌듯했는데, 그것도 잠깐이었다.
어머니께 꾸중을 들은 것이다.
이모가 분명히 과자 사 먹으라고 했고 나는 그 말대로 했는데, 왜 꾸중을 들어야 하는지 억울했다.

이 말을 했더니 딸이 그랬다.
"아빠는 어릴 때도 아빠 같았네."

나 같은 게 어떤 것일까?
어쨌든 사람은 쉽게 변하지 않는 모양이다.

질문의 근거 ——————

"아빠 군대 갔을 때 왜 기다렸어?"
딸이 가끔 아내한테 묻는 말이다.
대답은 듣지 못했다.

그런 걸 왜 물을까?
아빠한테 엄마가 아까운 것일까?
기다리지 않았으면 어떻게 되었을까?
그럼 자기가 태어나지도 못했을 테고,
그런 것을 궁금하게 여기지도 못했을 것이다.

가끔 하나님이 어디 있느냐는 사람이 있다.
하나님이 안 계셨으면 어떻게 되었을까?
그럼 일단 그 사람이 태어나지 못한다.
자기의 존재 근거가 없어지는 것이다.
그런데도 하나님이 어디 있느냐고 하니,
참 답답한 노릇이다.

제 눈에 안경

피가 물보다 진한 때문일까?

형과 나, 막냇동생한테는 공통점이 있다.

딸을 성가시게 구는 것이다.

딸한테 구박받을 일을 늘 만들어서 한다.

딸과 조카가 말하는 것을 들었다.

조카가 말했다.

"난 샛아빠*가 우리 아빠 같으면 못 살아. 샛아빠는 할 줄 아는 게 아무것도 없잖아. 전기도 못 만져, 못도 못 박아. 우리 아빠가 훨씬 나아."

딸도 말했다.

"나도 큰아빠가 우리 아빠면 못 살아. 큰아빠는 늘 쓸데없는 말만 하잖아."

이것도 제 눈에 안경일까? 서로 자기 아빠가 싫다고 하는 것에 비하면 백번 다행이다.

---

* 아버지 형제 중 둘째를 말하는 제주도 사투리.

모전여전 ————

수련회 중에 자매 숙소에 나방이 나타났다.
전부 비명을 지르며 도망 나왔는데,
딸 혼자 나방을 잡고 있었다.

내가 고등학생 때 일이다.
당시 예배당은 마루로 되어 있어서 신발을 벗고 들어갔다. 학생회 성경 공부 중에 어디선가 지네가 기어 나왔다. 여학생들이 일어서서 자리를 피하는데, 한 여학생은 그냥 앉아 있었다. 그리고 지네가 자기 앞까지 기어 오자, 손바닥으로 때려잡았다.
아내가 그랬으니,
딸이 나방을 잡는 것은 오히려 당연한 일이다.
유전자의 힘이 확실하다.

나는 굉장히 센 여자들과 살고 있다.

사회 부적응자 ————

내 원래 전공이 신문방송이다. 그런데 TV와는 별로 친하지 않다. 대학생 시절, 아버지가 KBS를 틀어보라고 했는데, KBS가 몇 번이냐고 여쭸다가 야단맞은 기억이 있다. (사실 억울했다. KBS 채널이 몇 번인지 모르는 것이 야단맞을 일일까?)

그런 일이 있고 한참 지났다. '애모'라는 말이 부쩍 자주 들렸다. 인기 있는 TV 드라마이겠거니 싶었는데, 나중에 대중가요 제목인 것을 알고는 혼자 웃었다.

또 시간이 지났다. '모래시계'라는 말이 자주 들렸다. 이번에는 애모처럼 대중가요 제목인가 했다. 그런데 TV 드라마 제목이었다. 하여간 모르는 것을 찍어서 맞힌 적이 없다.

'더 글로리'라는 말이 부쩍 자주 들리기도 했다. '솔리 데오 글로리아'*는 알겠는데, '더 글로리'는 뭘까? 그동안 코

---

* 오직 하나님께 영광이라는 뜻의 라틴어

로나 때문에 영화계가 침체되어 있었는데, 모처럼 천만 관객을 돌파한 영화가 나왔나 싶었다.

'네플릭스'라는 말도 들린다. 메가박스나 CGV 같은 복합 상영관인 줄 알았다.

나는 대체 어느 나라 사람일까?

아니, 대체 어느 시대 사람일까?

얼마 전에는 식당에 갔다가, 기계가 주문받는 것을 보고 당황해서 그냥 나왔던 적이 있다. 그처럼 인간미가 없는 식당은 이용할 수가 없다. 내가 지금 시대에 태어난 게 그나마 다행이다 싶다. 이제 살아봐야 몇 년이나 더 살겠는가? 남은 생애 대충 살다가 죽으면 그만이다. 20년만 늦게 태어났으면 사회 부적응자가 되었을 것이다.

딸이 한마디 한다.

"그러니까 아빠 생각에, 지금은 제대로 적응해서 사는 것 같아요?"

사슴과
딸 바보

자기소개서 ─────

중고등부를 지도하던 시절, 취업 준비를 하는 학생들의 자기소개서를 봐주곤 했다. 그런데 딸이 취업을 할 나이가 되었다. 자기소개서를 써야 한다. 딸이 물었다.

"'방목으로 길러진 독립 정신'이라고 쓰면 안 되겠지?"

정말로 그렇게 쓰려고 물은 것은 아닐 것이다. 자기소개서를 쓰려니, 그것이 딱 맞는 표현이어서 물었을 것이다.

아닌 게 아니라 그렇다. 딸은 정말 방목으로 컸다.

초등학교 입학과 동시에 열쇠를 목에 걸고 다니면서, 아무도 없는 집에서 스스로 점심을 챙겨 먹고는 엄마나 아빠가 올 때까지 혼자 놀았다.

고3 여름방학 때 한 달 수학 학원에 다닌 것 말고는, 사교육 한 번 제대로 안 받고 중고등학교를 마쳤다.

엄마나 아빠는 대학 입시 제도가 어떻게 되는지도 몰랐다. 모든 것을 오롯이 혼자 감당했다.

그런데도 잘 커주었으니 참 고맙다.

방목 원칙은 앞으로도 계속된다.

귀걸이 ─────

한때 투잡이었던 적이 있다. 딸 출근 시간이 일러서 아침마다 기사 노릇을 한 것이다. 전철 갈아타며 가면 50분 걸리지만, 차로는 15분이면 간다.

하루는 딸이 타자마자 "밟아"라고 했다.
"왜? 어제보다 1분 이른데…."
"아침에 할 일 있어."
작정하고 밟았더니 14분 만에 도착했다.
고작 1분 일찍 도착하려고 열심히 밟았나 생각하니 우습기도 했다.

딸이 내렸는데, 내린 자리에서 잠시 머뭇거리다 갔다.
"에이, 배수구잖아" 하는 혼잣말을 들은 것 같기도 했다.
힐을 신어서 내리기 불편한 모양이라고 생각했다.

집에 와서야 영문을 알았다.

내리면서 귀걸이를 하려다 떨어뜨렸는데, 차 문을 여는 순간 귀걸이가 밖으로 떨어졌고, 하필 빗물 배수구가 있었던 것이다.

이런 천인공노할 일이 있나?

감히 빗물 배수구 따위가 내 딸 귀걸이를!

다음 날, 딸을 내려준 다음 나도 내렸다.

배수구 덮개를 들어 올리고, 매의 눈으로 관찰했다.

몇 분이나 그렇게 했을까?

흙탕 속에 처박힌 귀걸이를 기어코 찾아내고야 말았다.

딸!

기뻐해라!

아빠가 한 건 했다!

브런치와 기내식 ————

아점을 먹었다고 하면 게을러 보이는데, 브런치를 먹었다고 하면 우아하게 보이는 건 무슨 까닭일까?

아무래도 문화 사대주의인 것 같다.

내가 아는 브런치(brunch)는 브렉퍼스트(breakfast)와 런치(lunch)의 합성어이다. 아침을 먹기에는 늦고 점심을 먹기에는 이른 시간에, 아침 겸 점심으로 먹는 것을 우리말로는 아점이라고 하고 영어로는 브런치라고 하는 줄 알았는데, 꼭 그렇지만도 않은 모양이다.

언젠가 딸이 브런치 약속이 있다고 하면서 11시가 넘은 시간에 나가는 것이었다. 그 시간에 먹으면 점심이지 어떻게 브런치냐고 했더니, 딸이 답했다.

"기내식을 비행기 밖에서 먹으면 기내식이야, 아니야?"

"……?"

브런치가 언제 먹어도 브런치이고 기내식이 어디에서 먹든지 기내식이면, 신자는 언제 어디에서나 신자였으면 좋겠다.

존귀한 유자차 ────────

우리 집에는 생일인 사람이 밥을 사는 규례가 있다.

딸이 직장인이 된 다음부터 생긴 규례다.

딸이 점심을 샀다.

이것저것 나오는 대로 잘 먹었고,

후식이 나왔다.

종업원이 "후식, 유자차 나오셨습니다"라고 했다.

유자차를 마시려는데, 딸이 말했다.

"아빠, 이걸 한 손으로 마셔?"

"······?"

"후식이 나오셨잖아. 존귀한 거야. 두 손으로 공손히 마셔야지."

존귀한 유자차를 마신 우리 가족은 얼마나 존귀한 가족일까?

잘못된 공경 ———

가족이 외식을 한 적이 있다.

종업원에게 화장실을 물었더니 "저쪽으로 곧장 가면 있으십니다"라고 했다.

비단 그때만이 아니다.

문법에 없는 경어를 쓰는 사람이 참 많다.

서비스업에 종사하는 사람들이 특히 그런 것 같다.

"오만 원이세요", "신발장은 이쪽이세요" 등의 말을 한두 번 들은 것이 아니다.

자리에 앉으면서 말했다.

"화장실이 저쪽으로 곧장 가면 있으시다는데, 여기에 대해서 어떻게 생각해?"

딸이 내 말을 받았다.

"그냥 대충 살아요. 그런 걸 언제 다 따져요?"

귀에 거슬리기는 하지만, 잘못된 경어를 쓰는 것은 대충 넘어갈 수 있다.

그러면 세상을 지나치게 높이는 것은 어떻게 해야 할까?
하나님이 세상의 주인이라고 고백하면서, 늘 세상 눈치
를 보는 것도 대충 넘어가야 할까?
다른 것은 대충 넘어가도, 그것만큼은 대충 넘어가면 안
된다.
우리는 그리스도를 왕으로 모신 사람들이다.

스물일곱 살 ─────

딸이 스물일곱이 되었다.
언제 이렇게 나이를 먹었을까?

괜히 시비를 걸고 싶어서 한마디 했다.
"엄마는 스물일곱에 결혼했어."
"그러니까 아빠하고 했지."

본전도 못 건졌다.

거절한 고백 ────

하루는 딸이 호기롭게 말했다. 뭔가 자랑할 게 있는 눈치였다.

"내가 어떤 남자를 찼는지 알아?"

"어떤 남자?"

"키가 180이 넘고 연봉이 1억이 넘어. 그런데 고백이 끝나기도 전에 차버렸어."

그 남자가 나름대로 자신이 있었는지 의외라는 반응을 보이기에, 자기는 신앙 있는 남자를 만날 거라고 설명했다고 한다. 그랬더니 앞으로 교회 다니면 되지 않느냐고 하더라나. 그래서 일단 교회 다니고, 교회 다니는 여자 아니면 안 되겠다는 생각이 들면 다시 오라고 했다고 한다. 신앙 빼면 완벽하다고 할 수 있는 남자를 아무런 망설임 없이 거절한 걸 스스로 뿌듯하게 여기는 것 같았다.

며칠 후, 이번에는 정반대의 남자가 대시했다.

상당히 신실하고 착실한데, 키는 딸보다도 작다. (딸은 168

센티미터다.) 고졸 학력에 연봉은 2천을 겨우 넘고, 나이는 딸보다 여덟 살이 많은 남자였다. 딸이 당황했다고 한다. 사흘 간격으로 신앙 빼고는 다 있는 남자와 신앙 빼고는 아무것도 없는 남자한테 고백을 받은 것이다.

마치 하나님이 "정말로 신앙이 중요하냐? 신앙 빼고 다른 조건은 다 괜찮으냐?"라고 물으시는 것 같았다고 한다.

그 남자는 나도 안다. 참 괜찮은 청년이다.

한 가지 아쉬운 게 있다면, 집안 신앙이 안 좋다.

아버지는 불신자이고, 어머니는 교회에 다니기만 한다.

누나 둘과 형이 있는데, 누나 한 명이 그나마 교회에 다니고 다른 누나와 형은 불신자다. 사돈 될 집안도 신실했으면 좋겠는데, 그런 집과 거리가 멀었다.

딸이 일주일 고민 끝에 거절했다고 한다.

신앙 빼고 다 있는 남자는 다이렉트로 거절했는데, 신앙만 있는 남자는 일주일 고민했으니 잘했다고 해야 할까? 이런 말을 하면서 물었다.

"키만 좀 보면 안 돼? 키를 보는 것도 세속적이야? 돈을 따지는 게 세속적인 건 알겠는데…."

서로 다른 관점 ———

어떤 분이 교회에 왔다. 몇 달 후에 이사한다면서, 등록하지 않고 예배 참석해도 되겠느냐고 하기에 편한 대로 하시라고 했다.

그때 이런저런 얘기를 나누는 중에, 남편은 육십이 넘었지만 아직도 수입이 있고, 대학 나온 아들이 취직해서 걱정이 하나도 없다고 했다. 그 말이 그리 탐탁하지 않게 들렸다. 가족이 불신자인 건 걱정거리에 들어가지 않는 모양이었다. 하여간 그런 분이 계셨는데, 매주 나오지도 않았다. 나올 때보다 안 나올 때가 더 많았다.

언젠가 몇 주 만에 나오고는 할 얘기가 있다고 했다.
"피아노 반주하는 아가씨가 따님이죠?"
"예."
"직장인이에요, 대학생이에요?"
"직장 다니는데, 왜요?"
"며느리 삼고 싶어서요."

그러면서 아들 얘기를 꺼냈다.

내가 아는 그분 아들의 가장 큰 특징은 교회에 다니지 않는 것이었는데, 그분 생각은 다른 모양이었다. 어느 대학 나왔고 어느 회사에 다니는지, 얼마나 착하고 든든한 아들인지 입에 침이 마르게 얘기했다.

난처했다. 그렇다고 해서 면전에서 "불신자를 사위 삼고 싶은 생각은 없습니다"라고 할 수도 없는 노릇이다.

"그거야 애들끼리 마음이 통해야지, 제가 뭐 할 게 있습니까?"라고 발뺌을 하려는데, 얼마나 말을 잘 이어가는지 발뺌이 안 되었다. 이야기를 나누다 보니 마침 딸보다 연하인 걸 알게 되어 다행이다 싶었는데, 그것을 장점으로 말하기도 했다.

그러던 중에 "따님은 어느 학교 나왔어요?"라고 물었다.

속으로 '옳다!' 싶어서 얼른 대답했다. 나한테 있는 속물 근성을 스스로 발견하는 순간이었다.

"Y대 경영과요!"

"예? 거기는 엄청 센 덴데…. 직장은요?"

"S금융투자요."

"아휴, 안 되겠네요…. 꼭 며느리 삼고 싶었는데…."

이야기는 이렇게 끝났다.

내가 중요하게 생각하는 것이 그분에게는 별로 중요하지
않았고, 내가 중요하지 않게 생각하는 것이 그분에게는
무척 중요했던 모양이다.

보고 싶은 실력 ─────

나는 신학을 늦게 했다.

신학교 동기 중에 고등학교 6년 후배가 있었는데, 그가 물었다.

"수연이 남자 친구 있어요?"

"없어."

"왜요?"

"그걸 내가 알아?"

"수연이는 애가 씩씩하잖아요. 누군가 고백하기를 기다리지 말고, 마음에 드는 남자가 있으면 먼저 고백해서 데려오라고 해요."

이 말을 딸에게 전했더니 딸이 말했다.

"아빠, 좋아하는 남자가 있으면, 그 남자한테 고백하게 만드는 게 실력이야."

말은 맞는데, 그럼 그 실력을 언제 보여줄래?

결격사유, 안 결격사유 ───

청년들을 태우고 승합차를 운전하는 중에, 한 청년이 물었다.

"수연이, 어떤 남자한테 시집보낼 거예요?"

"그걸 내가 아냐? 알아서 데려오겠지."

"수연이가 데려오면 무조건 찬성이에요?"

"최소한의 기준이야 있지."

"뭔데요?"

"일단 신실해야 하고, 백수는 안 되지."

"교회 다니고 직장 있으면 합격이에요?"

"교회 다니는 정도로는 어림없지. 신앙이 제대로 박혀 있어야지."

"고졸이면요?"

"크게 반길 일은 아니지만, 그렇다고 결격사유는 아니잖아."

"외국인도 관계없어요?"

"달갑지는 않지만, 별수 없지 뭐."

친구 아들이 미국에서 공부한 적이 있다.

하루는 통화를 하면서, 여자 친구가 생겼는데 흑인도 괜찮은지 물었다고 한다.

친구 아내가 대답했다.

"야! 오바마까지는 괜찮은데, 더 검으면 안 돼."

국제결혼이라는 말이 있다.

결혼은 내국인끼리 하는 것이 일반적이라는 선입견이 만든 말이다. 여교수, 여의사 같은 말을 성차별적 용어라고 하는 것처럼, 언젠가 사라질 말이 아닌가 한다.

나는 딸을 방목했다.

결혼에도 딸의 의사를 존중한다.

고급한 기준

강단 쪽 창문으로 옆 교회 주차장이 내려다보인다.

그 교회 버스가 세워져 있으면, 그 뒤는 외부의 시야가 차단된 곳이 된다. 가끔은 예배를 마치고 나온 학생들이 담배를 피우는 모습도 보인다.

찬양을 인도하던 딸이 말했다.

"이 자리에 서면 창문을 통해서 옆 교회 주차장에서 담배를 피우는 학생들이 보입니다. 볼 때마다 참 한심했습니다. 그런데 얼마 전에 다른 생각이 들었습니다. 저는 무엇을 했을까요? 담배는 안 피웠는데, 그들과 다른 점이 없는 것 같았습니다. 담배를 피운 사람과 담배를 피우지 않은 사람의 차이가 담배를 피웠느냐 말았느냐 하는 것뿐일까요?"

우리 신앙이 담배 피우면 빵점, 안 피우면 백점일 수는 없다. 우리한테는 뭔가 더 고급한 것이 있어야 한다.

요망 사항

침대 머리에 기대어 책을 보는데, 딸이 왔다.

내가 읽는 페이지를 같이 보다가, 내용이 마음에 들었는지 소리 내어 읽기 시작했다. 몇 문장이나 읽었을까?

"아빠도 이렇게 좀 써봐."

내가 읽던 책은 아우구스티누스의 〈고백록〉이었다.

아우구스티누스의 문장은 정말 수려하다.

원래 수사학자였으니 그럴 수밖에 없다.

"하나님을 사랑하는 사람은 세상을 이용해서 하나님을 섬기고, 세상을 사랑하는 사람은 하나님을 이용해서 세상을 섬긴다" 같은 문장은 기가 막힐 정도로 명쾌하다. 담고 있는 내용도 그렇고, 그 내용을 전달하는 표현도 그렇다.

"이거 누가 쓴 책인지 알아?"

"누가 썼는데?"

"아우구스티누스가 쓴 책이야."

"아빠, 미안해."

자기가 너무 과도한 요구를 했다는 사실을 금방 인정했다.

사실 나도 그렇게 쓰고 싶다.

누구든지 한번 읽기 시작하면 헤어나지 못하게 쓰고 싶은데, 순전히 요망 사항일 뿐이다.

패션 감각 ————

나는 패션 감각이 없다. 아무거나 눈에 띄는 대로 입는다. 옷을 입고 거실에 나왔다가 딸한테 불합격 판정받고 다른 옷으로 갈아입은 적이 한두 번이 아니다.

"정말로 이렇게 입고 나가려고 한 건 아니지? 그냥 웃기려고 입어본 거지?"라는 말을 들은 적도 있다.

하루는 또 불합격 판정을 받았다.

와이셔츠 무늬와 넥타이 무늬가 맞지 않는다는 것이었다. 그러면서 그 이유를 설명했는데, 알아들을 수는 없었다. 어쨌든 다른 와이셔츠로 갈아입고 출근했다.

일주일이 지났다.

출근 준비를 하면서 거울을 보니, 지난주에 딸이 불합격 판정을 내린 조합이었다. 속으로 이 생각을 했다.

'이거 지난주에 수연이가 안 된다고 한 와이셔츠와 넥타이네.'

교회에 온 딸이 나를 보고는 기겁했다.

"그렇게 입으면 안 된다고 했잖아!"

"응, 그건 지난주였는데, 이번 주도 안 돼?"

"지난주에 안 됐는데, 이번 주라고 해서 되는 법이 어디 있어?"

아! 듣고 보니 그렇다.

이미 한번 안 된다고 했는데, 나는 왜 일주일이 지났다는 이유로 괜찮다고 생각했을까? 내 머리에는 대체 뭐가 들어 있을까?

지난주에 안 되는 것은 이번 주에도 안 되는 것처럼, 신앙 원칙도 한번 세웠으면 늘 지켜졌으면 좋겠다.

2전 2패 ────

"선생님 책상 가운데 빼닫이에 도장 좀 갖고 와라."

초등학교 5학년 때 빼닫이라는 말을 처음 들었다.

서랍을 말하는 것인 줄 눈치로 알 수 있었다.

나중에 서랍의 방언인 것도 알았다. 빼기도 하고 닫기도 하니, 적합한 이름이다. 그런데 영어로는 drawer라고 한다. draw에 er이 붙었으니, 영어 문화권에서는 서랍을 빼기만 하고 닫지는 않는 모양이다.

승강기와 엘리베이터도 그렇다. 승강기는 올라가기도 하고 내려가기도 하지만, elevator는 올라가기만 해야 하는 것 아닐까?

딸과 함께 집을 나섰다. 집이 7층이다.

"엘리베이터는 이름이 잘못되었어."

"왜?"

"생각해 봐. 엘리베이터가 무슨 뜻이야? elevate에 or 붙인 거잖아. 올라가는 걸 타고 내려가는 게 말이 돼? 당연히 승강기라야지!"

"아빠, 이걸 만든 사람이 올라갈 때 타려고 만들었겠어, 내려갈 때 타려고 만들었겠어? 올라갈 때 타려고 만들었는데, 만든 김에 내려갈 때도 타는 거잖아!"

올라가는 것을 타고 내려가는 것은 마음에 안 들지만, 딱히 할 말은 없었다. 뉘 집 딸인지 말은 참 잘한다.

차에 올랐다. 시동을 걸며 얘기했다.

"사이드브레이크는 왜 사이드브레이크야? 한가운데 있으면 센터브레이크라야 하는 거 아냐?"

물론 사이드브레이크는 콩글리쉬다.

hand brake나 emergency brake가 맞는 표현이다.

딸이 또 답했다.

"아빠, 자동차 한가운데가 아니고 운전자 옆이잖아. 그러니까 사이드브레이크지."

아침부터 2전 2패다.

오늘 일진이 사나울 모양이다.

초코바 사건 ────────

주일에는 보통 6시면 출근을 한다. 그런데 다른 일이 생겼다. 딸이 싱가포르로 출장을 갔는데, 새벽 6시에 인천공항에 도착한다. 밤새 날아오는 것이다.

마중 나갈 생각을 했다. 딸이 공항버스 정류소에 나와서 트렁크만 들어달라고 했지만, 딸도 평소에 내 말을 안 들으니 나 역시 딸 말을 들을 이유가 없다.

인천공항에 도착한 시간이 5시 40분이었다.
배가 고팠다. 편의점에 가서 초코바 하나를 집었다.
무려 2,300원이나 했다.
비싸다는 생각이 들었지만, 다른 대안이 마땅치 않았다.

딸을 태우고 집에 온 다음 서둘러 출근 차비를 차리는데,
딸이 짐을 풀더니 식탁에 초코바를 꺼냈다.
이런 상황에서 조용히 있을 내가 아니다.

"이런 건 진작 갖고 왔어야지! 아까 공항에서 괜히 사 먹었잖아."

딸도 지지 않고 답했다.

"그래서 버스 정류소로 오라고 했잖아! 공항까지 오면 초코바 사 먹을까 봐서….".

셀프 마중

딸이 외국 갔다 귀국하는 날, 나와 아내는 제주도에서 올라온 적이 있다. 요즘은 그렇지 않지만, 그때만 해도 외국에 갔다 돌아올 때는 마중을 나가곤 했다. 하지만 그날은 그럴 수 없었다.

김포공항에 도착했다. 수화물을 찾고 출구로 나오니, 정면에 낯익은 얼굴이 보였다. 딸이었다. 인천공항에서 집으로 안 가고 김포공항으로 온 것이었다.

우리를 보자 말했다.

"빨리 나 마중해. 아무도 마중 안 나오니까, 내가 마중받으러 왔잖아."

식당에서 물이 셀프라는 말은 종종 들었는데, 마중도 셀프일까?

아무려면 무슨 상관인가?

하나님의 영광만 셀프가 아니면 된다.

그것은 우리 몫이다.

귀하게 큰 사람 ─────

주일예배를 마치고 점심을 먹는데, 디저트로 초콜릿이 나왔다. 지난 주간에 외국에 다녀온 교인이 사온 것이라고 했다. 그런데 날씨 탓일까? 초콜릿이 살짝 짓무른 상태였다. 손에 묻을 것 같았다.

내가 세상에서 제일 싫어하는 것이 글씨 쓰는 것이다.
글 쓰는 것은 재미있는데, 글씨는 도무지 쓰기 싫다.
하나님이 공평하신 분이라서 그런 걸까?

두 번째로 싫어하는 것이 뭐 먹을 때 손에 묻는 것이다.
그래서 젓가락으로 집어서 먹었는데, 그 모양이 이상했던 모양이다.
한 분이 말했다.
"목사님, 초콜릿을 젓가락으로 드시는 건 좀 아닌 것 같아요."
"손에 묻잖아요."

"그래도 이 정도는…. 혹시 어렸을 때부터 그랬나요?"

글쎄, 언제부터 그랬을까?

그러고 보니 나도 모르겠다.

얼른 대답을 못 하고 주저하고 있으니, 재차 물었다.

"어릴 때는 괜찮았나요?"

옆에 있던 딸이 말을 받았다.

"아빠가 워낙 귀하게 커서, 어릴 적에 손에 뭘 묻힌 적이 없어요."

그 얘기로 끝났으면 좋았을 텐데, 한마디 더 보탰다.

"그때만 해도 계속 귀하게 클 수 있을 줄 알았겠죠. 이렇게 될 줄 몰랐겠죠."

내가 어떻게 되었다는 얘기일까?

쭈꾸미와 주꾸미 ────────

식당 간판이나 메뉴판에서 가장 자주 틀리는 표기를 꼽는다면 단연 순댓국과 모둠을 꼽을 수 있을 것이다.

죄다 순대국, 모듬으로 잘못 쓴다.

모듬 안주, 모듬 전, 모듬 순대 등이 다 틀린 표기다.

모둠이 맞다.

주꾸미도 그에 못지않다.

지금까지 주꾸미로 바로 쓰인 표기를 본 적이 없다.

약속이나 한 듯 하나같이 쭈꾸미로 쓴다.

언젠가 이 말을 했더니 딸이 답했다.

"주꾸미는 맛없게 느껴지잖아. 쭈꾸미가 맛있을 것 같지 않아?"

묘하게 설득력 있게 들렸다. 그런 주꾸미를 먹었다.

메뉴판에 쭈꾸미라고 되어 있거나 말거나, 나는 주꾸미를 먹었다.

세상이 틀리거나 말거나, 나는 늘 올곧았으면 좋겠다.

점증되는 게으름 ———————

"친구가 황당한 걸 물었어."

"뭘 물었는데?"

"아빠가 제일 잘하는 요리가 뭐냐고 물었어."

"뭐라고 했어?"

"할 줄 아는 게 아무것도 없다고 했지."

"왜 아무것도 없어? 컵라면에 물 부을 줄은 알잖아."

요즘은 남자도 요리를 한다고 한다.

심지어 요섹남*이라는 말까지 있다.

그러면 나는 구시대 인물일까?

20대 때도 이랬던 것은 아니다.

그때는 여름이면 냉라면을 끓여 먹곤 했다.

스스로 개발한 레시피다.

* 요리 잘하는 섹시한 남자

라면 스프를 넣고 끓인 물을 식혀서 냉장고에 뒀다가 익힌 라면을 건져서 그 국물을 부으면 되겠다 싶었는데, 그렇게 했더니 면에 간이 안 배어서 싱거웠다. 그래서 국물을 끓일 때 스프를 절반만 넣고, 남은 절반은 라면을 익힐 때 썼다. 오이를 채 썰어 넣고, 삶은 달걀 절반을 얹으면 제법 그럴 듯하다.

친구가 냉라면을 먹더니 신기한 모양이었다.
"이건 어떻게 끓인 거야?"
"응, 냉수에 끓였지."

그런데 언제부터인지 라면 끓이는 것도 귀찮다.
더 나이를 먹으면 뭐가 또 귀찮아질까?
귀찮아지는 것마다 죄에 속한 것이면 좋겠다.

특이한 운전 습관 ————

"내가 운전면허 없을 때도 아빠가 특이하게 운전한다고 생각했거든. 그런데 정말 특이해."

"어떻게 특이한데?"

"아빠는 노란불이면 서잖아. 밀리는 차로에 있어도 차로 변경도 안 하고…."

"그런 건 특이하다고 하는 게 아니고 정상이라고 하는 거야."

나는 내가 정상 같은데, 다른 사람한테는 특이하게 보이기도 하는 모양이다.

버킷리스트 ─────

요즘 결혼식 때는 신부 어머니만 우는 것이 아니라 신부 아버지도 운다고 한다. 하기야 신랑 아버지가 울더라는 말을 들은 적도 있으니, 신부 아버지는 말할 것도 없다.

그런 때문인지, 이다음에 딸 시집보낼 적에 울지 말라는 말을 한두 번 들은 것이 아니다. 그런 말을 들을 때마다, 내 버킷리스트는 딸을 신부 입장시키다가 중간에 발을 걸어 넘어뜨리는 것이라고 말한다.

그리고 또 있다.

이다음에 손주한테 복수를 부탁하는 것이다.

"할아비가 네 엄마 때문에 얼마나 힘들었는지 아느냐? 할아비는 너만 믿는다!" 하고 어렸을 때부터 세뇌를 시킬 생각인데, 실제로 가능할지는 잘 모르겠다.

기본을 확실히! ————

아들 없이 딸 하나만 둔 때문인지, 어떤 사위를 얻고 싶으냐는 질문을 종종 듣는다. 딸이 스물이 넘은 다음부터 들은 질문이 아니다. 초등학교에 입학하기 전부터 그런 질문을 들었다. 묻는 사람에 따라서 표현이 조금씩 달라지지만, 내 대답은 늘 똑같다.

"예수 잘 믿는 사람한테 보내야죠."

그렇게 대답하면 대부분 "그건 기본이고, 다른 조건은요?"라고 묻는다.

그 말이 은근히 언짢다. '기본'이 무슨 뜻일까? 모든 조건의 근간이라는 뜻일까, 맥줏집에서 나오는 기본 안주 같은 것일까?

신앙이 모든 조건의 근간이면 다른 것은 따질 이유가 없다. 모든 것을 신앙적인 안목으로 확인하면 된다. 하지만 맥줏집에서 나오는 기본 안주 같은 것이라면 얘기가 다르다. 그때의 신앙은 없으면 허전하지만, 그다지 비중이 있는 것이 아니게 된다. 다른 것이 훨씬 더 중요하다.

이다음에 딸이 결혼할 남자를 데려오면 나는 면접을 볼지 모른다. 우선 쉬운 것부터 물어봐야 하니까 "지금까지 성경을 몇 번이나 읽었나?" 정도로 시작해서, "성경에 나오는 사람 이름을 아는 대로 써보게", "지금 직장에서 하나님 나라 확장을 위해서 무슨 일을 어떻게 하고 있나?" 등을 확인할 수 있다.

우리는 신앙을 다시 점검할 필요가 있다. 자칫 잘못하면 교회에 출석만 할 뿐, 하나님을 모르는 사람처럼 살 수 있다. 말로는 하나님을 찾는데, 그 하나님께 이 세상에 속한 것만 구한다면, 하나님이 어떤 분인지 모르는 사람이다. 어쩌면 내가 이다음에 예비 사위에게 물을 질문을 하나님이 우리에게 하실 수 있다.
"지금 네가 세상을 살아가는 모습이 나의 나라와 어떤 관계가 있느냐?" 하고 물으시면, 뭐라고 답해야 할까?

그 아빠는
예수 바보

하루 세 끼

아침엔 아침을 먹고, 점심엔 점심을 먹고,

저녁엔 저녁을 먹는다.

아침에 먹는 끼니 이름은 아침이고,

점심에 먹는 끼니 이름은 점심이고,

저녁에 먹는 끼니 이름은 저녁이다.

끼니 이름을 따로 만들지 않은 것을 보니,

그때 해결해야 하는 가장 중요한 과제가

허기를 면하는 일이었던 모양이다.

아침에 해야 하는 가장 중요한 일은 아침을 먹는 일이고,

점심에 해야 하는 가장 중요한 일은 점심을 먹는 일이고,

저녁에 해야 하는 가장 중요한 일은 저녁을 먹는 일이다.

그래서 60년 넘도록 하루같이

아침에 아침 먹고, 점심에 점심 먹고,

저녁에 저녁 먹고, 꼬박꼬박 하루 세 끼를 먹었는데,

밥값은 제대로 하고 있는지 잘 모르겠다.

개미 ————

피곤하다. 믹스커피를 탔다.

졸음이 아주 심할 때는 마시는 것보다 쏟는 것이 더 효과

적이고, 그것도 키보드에 쏟으면 직빵이라는데,

그 정도는 아니다.

응?

커피에 개미가 보인다. 언제 들어갔지?

깔끔한 사람은 커피를 다시 탈 테고,

대부분의 사람은 개미를 건져내고 마실 텐데,

나는 게으른 쪽이다.

개미를 입으로 불면서 그냥 마셨다.

커피를 다 마셨다.

그런데 개미가 안 보인다.

어디 갔을까?

하기야 그 뜨거운 데서 계속 있기 힘들었을 것이다.

혼자 지킨 교실

초등학생 시절을 생각하면 도무지 이해가 안 되는 일이 있다.

그 시절에 남학생들은 쉬는 시간만 되면 운동장에 나가 축구를 했다. 쉬는 시간은 10분이다. 그 10분 동안 복도를 지나 운동장에 나가서 편을 가르고, 축구를 하다 들어오는 것이다. 그것이 어떻게 가능할까?

요즘은 교실에서 운동장에 가는 데만도 10분이 걸릴 것이다. 하여간 그 시절에는 짧은 시간에도 많은 일을 할 수 있었다. 아이와 어른은 시간의 빠르기를 느끼는 데에서도 차이가 있는 것이 분명하다.

초등학교 5학년 때, 나를 제외한 반 전체가 사고를 친 적이 있다. 그때는 점심시간에 집에 가서 밥을 먹고 왔다. 아마 여름방학 직전이었을 것이다. 집에 가서 밥을 먹고 전부 바다에 갔다. 나는 빼고.

잠깐 몸만 담갔다가 오후 수업 시작 전에 학교에 올 요량이었을 것이다. 그런데 한두 명이나 서너 명이 아니고, 학급 전원이 거의 다 놀고 있었으니 대담해졌을까? 전부 노는 데 정신이 빠져서 오후 수업 시간이 되는 것도 몰랐다. 교실에는 나 혼자 앉아 있었다.

선생님이 들어오셨다가 텅 빈 교실을 보고는 노발대발하셨다. 얼마나 지났을까? 복도에서 발소리가 들리더니 한두 명씩 모습을 나타냈다. 그리고 도로 나가서 오리걸음으로 운동장을 돌아야 했다. 나만 홀로 교실에 남아서 그 모습을 지켜봤다. 괜히 왕따가 된 기분이었지만, 다수결이라고 해서 늘 옳은 것은 아니다.

모기 2수

1

나는 영어를 못한다. 이유가 있다. 중학교 1학년 때 충격적인 사실을 알아버렸기 때문이다. 우리나라 중학생들은 영어를 배우는데, 미국 중학생들은 우리나라 말을 안 배운다는 것이다. 그런 법이 어디 있는가? 미국에서 자기네 중학생들한테 한국어를 가르치기 전까지, 절대 영어 공부는 하지 않겠다고 결심했다. 지금 생각하면 우습고 유치하지만, 열네 살 어린 나이의 나는 상당히 비장했다.

그래서 어떻게 되었는가 하면, 미국이 자기들의 오만을 뉘우치고 중학교 교육과정에 한국어를 편성한 것이 아니라, 나만 영어가 취약 과목이 되어 고생했다. 학교 다니는 내내 불편했고, 지금도 불편하다.

2

그 까까머리 중학생이 나이 서른이 되었다. 교회에 가면 강학종 집사로 불렸다. 성경을 읽다가 충격을 받았다.

동방박사들이 유대인의 왕으로 나신 이가 어디 계시냐고 하자, 헤롯이 대제사장과 서기관들을 불러 그리스도가 어디서 나겠느냐고 묻는다. 그때 대제사장과 서기관들이 미가서 5장 2절 말씀으로 대답했다.

"또 유대 땅 베들레헴아. 너는 유대 고을 중에서 가장 작지 아니하도다. 네게서 한 다스리는 자가 나와서 내 백성 이스라엘의 목자가 되리라 하였음이니이다"라고 미가서에 기록되어 있다면서, 그리스도가 베들레헴에서 태어난다고 한 것이다.

그 내용이 상당히 충격이었다. 미가서 5장 2절은 크리스마스 때나 가끔 듣는 말씀이다. 마태복음에서 인용하지 않았으면, 성경에 그런 구절이 있는 줄도 몰랐을 것이다. 그런 구절을 대제사장과 서기관들이 암송하고 있는 것이다. 그들의 캐릭터는 부정적이다. 예수님을 섬길 마음이 추호도 없는 사람들이다. 그런데도 성경에 그만큼 해박하니, 우리는 성경을 어느 만큼 알아야 한다는 얘기일까?

그때부터 작정하고 성경을 암송하기 시작했다. 하나님의 백성이 마귀 새끼들만큼도 성경을 모르는 것은 말이 안 된다는 것이 내 생각이었다. 기회만 주어지면 대제사장이나 서기관들과 성경 배틀이라도 붙을 작정이었다.

밥 먹을 때나 길을 갈 때나 늘 성경 구절을 암송했다. 밥 먹을 때는 밥만 먹으라고 아내한테 구박도 여러 번 받았고, 길을 걷다가 전봇대에 부딪히기도 했다.

그렇게 암송한 것 중에 지금도 머리에 남아 있는 것이 얼마나 되는지 모르겠는데, 어쨌든 오기도 오기 나름이다. 자기 자존심을 위한 오기라면 부릴 이유가 없지만, 하나님의 영광을 위한 오기라면 백번 부려야 한다.

PS

나중에 어떤 사람이 말했다. 우리한테는 신약과 구약이 있지만 유대인들에게는 구약뿐이었고, 게다가 미가서 5장 2절 말씀은 메시야 탄생을 예언한 내용이니, 대제사장이나 서기관이 당연히 암송할 만한 말씀이라는 것이다.

내가 이 사실을 진작 알았다면 오기를 부릴 이유가 없었을 테니, 모르는 것이 약이라는 말이 괜히 있는 것이 아닌 모양이다.

주량에서 얻은 교훈 ————

주후 2001년 10월 21일, 강남구 대치동 911-36 지하에서 대한예수교장로회 하늘교회라는 이름으로 첫 예배를 드렸다. 한 달 후, 11월 18일에는 추수감사주일을 지키면서 성찬예식도 했다.

예식이 끝난 다음, 남은 포도주를 모으니 종이컵 하나 분량이었다. 이걸 어떻게 해야 할까?

원래는 땅을 파서 묻어야 한다고 배웠다.

하지만 사방이 콘크리트로 둘러싸인 서울 한복판에 땅을 팔 곳이 있을 리 만무하다.

문득 천주교에서는 사제들이 마신다는 사실이 생각났다.

잠시 주저하다가 그냥 원샷했다.

개수대에 버리는 것보다는 백번 낫다고 생각했다.

잠시 후, 문제가 생겼다.

내가 취한 것이다.

얼굴이 벌겋게 상기되고 걸음이 비틀거렸다.

똑바로 걸을 수가 없었다.

그런 나를 보고 교인들은 킥킥거렸다.

남은 포도주를 자가 처리하려면 최소한의 주량이 있어야 한다는 사실을 미처 생각하지 못했다.

참으로 다행인 것은, 그날 찬양예배 설교가 전도사님 차례였다. 하마터면 술에 취한 채 설교를 할 뻔했다.

어쨌든 "술 취하지 말라 이는 방탕한 것이니 오직 성령으로 충만함을 받으라"라는 말씀을 온몸으로 이해한 날이었다.

술을 마신 사람이 술의 지배를 받는 것처럼, 성령으로 충만한 사람은 성령의 지배를 받는다. 그리고 우리는 술의 지배만 받지 않으면 합격인 사람들이 아니라, 성령의 지배를 받아야 하는 사람들이다.

정말 잘사는 사람 ————

중학교 1학년 도덕 교과서에 '든 사람 난 사람 된 사람'이라는 단원이 있었다. 든 사람은 머리에 많이 들어 있는 사람, 난 사람은 이름난 사람, 된 사람은 됨됨이가 갖추어진 사람이라면서, 든 사람이나 난 사람보다는 된 사람이 되기를 힘써야 한다는 말이 결론이었던 것 같은데, 기억이 가물가물하다.

그러면 세상을 바르게 사는 사람은 어떤 사람일까?

사람들이 쓰는 말 중에 뜻이 마음에 들지 않는 말이 더러 있다. '잘살다', '못살다'가 대표적이다.

본래 사람은 하나님의 영광을 위하여 지음받았다.

하나님의 영광을 위하여 살면 잘사는 것이고, 그렇게 안 살면 못사는 것이다. 하지만 이 세상에 기독교적 가치관을 기대할 수는 없다. 하나님을 빼고 얘기하더라도, 세상을 바로 사는 사람이 잘사는 사람 아닐까?

적어도 잘산다는 말에는 그 사람의 인격이나 가치관이

반영되어야 한다. 그런데 어떻게 된 영문인지, 돈만 많으면 잘산다고 한다.

표준국어대사전에서 '잘살다'를 찾으면 '부유하게 살다'라고 설명되어 있다.

'못살다'는 '가난하게 살다'이다. 가난한 사람은 아무리 세상을 바르게 살아도 못사는 사람이라는 것이다.

모두의 손가락질을 받으며 살아도 돈만 많으면 잘사는 것이고, 아무리 인격이 훌륭해도 돈이 없으면 못사는 것이라고 누가 정했을까?

한동안 웰빙 열풍이 불었을 적에 웰빙을 '참살이'로 순화한 것을 기억한다. well의 의미를 문자적으로 살린답시고 '잘살이'라고 번역했으면 정말 꼴불견일 뻔했다.

그런데 영어 well에서는 '참'을 추출해냈으면서. 왜 잘산다는 말에는 '참'이 없을까?

정신 차려야 한다. 우리가 그런 세상을 살고 있다.

모든 것을 돈으로 따지고,

돈이 모든 것의 기준인 세상이 우리가 사는 세상이다.

떡국과 나이 ————

일설에 의하면, 떡국은 상당히 위험한 음식이라고 한다.
골다공증, 치매, 각종 암과 성인병을 유발한다는 것이다.
사람들이 떡국을 먹을 때 나이를 같이 먹기 때문이다.
그런 떡국을 먹었다. 또 한 살을 먹은 것이다.

지금은 서른이 넘은 조카가 다섯 살에서 여섯 살 될 적의
일이다.
"너 이제 몇 살이야?"
"나, 아직 다섯 살."
"왜 다섯 살이야?"
"아직 떡국 안 먹었어요."
조카는 농담이 아니고 진담이었다. 그 말을 듣고 불현듯
스치는 생각이 있어서, 교회 와서 얘기했다.
"세상에서는 떡국을 먹어야 한 살 먹는다고 한다. 우리는
성경을 일 독 해야 신앙 연수 1년이 지난 걸로 하자."
그때부터 '예수 믿은 연수만큼 성경 읽기'를 주장했다. 예

수 믿은 지 5년이면 성경 5독, 예수 믿은 지 10년이면 성경 10독은 해야 한다고 다그쳤다.

그런데 내 말을 잘못 알아들은 청년 자매가 있었다. 나는 예수 믿은 연수만큼이라고 했는데, 나이만큼으로 들은 것이다.

부교역자 생활을 청산하고 개척을 한 지 10년이 훨씬 더 지난 어느 날, 그가 갑자기 찾아왔다. 그때는 아이 둘 키우는 아줌마였다.

"목사님! 드디어 나이만큼 다 읽었어요. 40독 했어요. 상 주세요!"

아…!

내가 먹은 것은 떡국이 아니고 떡만둣국이었다. 우리나라 남쪽 지방에서는 설 때 떡국을 먹고 북쪽 지방에서는 만둣국을 먹었는데, 이것이 떡만둣국으로 만났다고 한다.

짝짝이 유감 ————

가끔 구멍 난 양말을 신는 수가 있다. 신을 때 구멍 난 것을 알았을 수도 있고, 몰랐을 수도 있다.

그러거나 말거나, 그냥 신곤 했다.

아내한테 하도 구박을 받아서 지금은 조금 달라졌다.

한쪽을 신을 때 구멍 난 것을 알면 다른 것으로 바꿔 신지만, 이미 한쪽을 신은 상태에서 다른 쪽을 신을 때 구멍 난 것을 알면 그냥 신는다. 신은 양말을 벗는 것이 귀찮기 때문이다. 그런 날은 집에 돌아온 다음, 아내 몰래 양말을 벗어야 한다.

가끔 짝짝이를 신는 수도 있다. 딱히 놀라지는 않는다. 그냥 그러려니 한다. 그런 문제까지 신경 쓰기에는 신경 쓸 일이 한두 가지가 아니다. 그런데 양말 짝짝이를 신는 것과는 비교할 수도 없는 엄청난 일을 벌이고 말았다.

전철에 앉아서 책을 보다가 무심결에 밑을 내려다보았다. 서로 다른 구두가 눈에 띄었다.

옆자리에 앉은 사람이 내 곁에 바짝 붙어서 발을 내민 것
도 아닌데 그랬다.

이상하다는 생각이 들었는데, 구두가 둘 다 낯익었다.

옆자리에 앉은 사람이 나한테 있는 구두와 같은 구두를
신은 것이면, 내 발 하나는 어디 갔을까?

헉!

세상에나 세상에나, 옆자리 사람의 발이 아니다.

내가 구두를 짝짝이로 신은 것이었다.

짝짝이 양말을 신은 것은 한두 번이 아니지만,

짝짝이 구두를 신은 것은 처음이다.

일단 인증샷을 남겼다.

당시는 인터넷 카페가 유행할 때였다.

친구들끼리 운영하는 인터넷 카페에 올리고는,

요즘 하늘에 속한 것만 생각하다 보니

땅에 속한 일이 잘 안 되는 모양이라고 했다.

말이 씨가 된다고 누가 그랬더라?

나는 농담으로 한 말이지만, 정말로 그랬으면 좋겠다.

대형 사고 ————

사고를 쳤다. 대형 사고다. 들키지 말아야 할 것을 들켰다. 간수를 소홀하게 하기는 했지만, 실수는 아니다. 지금까지도 늘 소홀히 했다. 무슨 말인가 하면, 비자금 통장 얘기다. 아내가 딱히 내 지갑에 눈길을 주지는 않아서다. 통장은 더 그렇다.

평소에는 교회 사무실 책상 서랍에 통장을 넣어두는데, 더 기장할 난이 없어서 재발급을 받아야 했다. 다음날 출근길에 은행에 들르려고 통장을 가지고 퇴근했다. 그냥 지갑 사이에 넣어 두었는데, 습관대로 지갑을 거실 탁자 위에 던져두었다. 비자금 통장이니 아내는 당연히 존재를 모르지만, 그렇다고 해서 신경 써서 숨기는 것은 내 스타일이 아니다.

게다가 아내는 주로 식탁에서 책을 읽기 때문에, 거실 탁자는 내 전용 공간이다. 다른 집 거실 탁자는 가족 모두가 공유하는 공간이겠지만, 우리 집에는 TV가 없어서 아무도 거들떠보지 않는 버려진 공간이다.

그런데 아내가 무슨 바람이 불었을까? 지갑 사이의 통장을 본 것이다. 통장 내역도 확인했다! 오호통재라!

출판사에서 받은 인세(몇 푼 안 된다), 얼마 전에 받은 원고료(유명 인사가 아니니 원고료도 박하다), 가끔 받은 외부 강사료(가뭄에 콩 나듯 한다), 딸이 준 용돈(딸이 왜 하나뿐일까?)…. 꼬박꼬박 챙겨둔 비자금의 실체가 고스란히 탄로나고 말았다. 하지만 이미 엎질러진 물을 어쩌겠는가?
이렇게 해서 탄로 난 비자금 사용 내역이 어떻게 되는가 하면, 틈틈이 장모님 용돈 보내드린 것하고 딸 생일에 귀걸이 사준 것, 아내한테 지갑 사준 것….
결국 여자가 문제다. 애초에 여자 문제만 아니었으면 비자금이 필요하지도 않았다!

이왕 이렇게 된 것, 법대로 하라고 할 수밖에 없다. 배를 째든 등을 따든, 나는 모른다.

합법적 게으름 ————

커피를 마신다. 커피 향을 음미하기 위한 게 아니다.
출근하기 싫기 때문이다. 커피를 다 마시면 더 이상 꼼지
락거릴 핑계가 없게 된다. 꼼짝없이 출근해야 한다.
그저께도 출근하기 싫더니 어제도 출근하기 싫었고.
오늘도 출근하기 싫다.
왜 출근은 매일 하기 싫을까?
아내가 답을 말했다.
매일 하기 때문이다.
출근을 일주일에 한 번만 하면
일주일에 한 번만 출근하기 싫으면 되는데.
매일 출근하기 때문에 매일 출근하기 싫은 것이다.

그나저나 커피를 다 마셨다.
출근을 해야 한다.
리필해서 한 잔 더 마실까?

문상 묵상

제주도를 삼다도라고 한다. 돌, 여자, 바람이 많다고 해서 붙은 별명이다. 돌이 많으니 땅이 척박하다. 여자가 많으니 노동력이 부족하고, 바람이 많으니 작황에 불리하다. 요컨대, 먹고살기 힘들다.

제사를 제주도 사투리로 식게라고 하는데, 제사 지내러 가는 것을 식게 먹으러 간다고 한다. 결혼식이 있을 경우 잔치 먹으러 간다고 하고, 설이나 추석 명절을 쇠는 것을 맹질 먹는다고 한다.

식게나 잔치, 맹질만 먹는 것이 아니다. 초상이 나면 영장 났다고 하고, 장례식에 가는 것을 영장 먹으러 간다고 한다. 다 모처럼 날 잡아서 먹는 것이다. 전부 먹고살기 팍팍한 현실에서 나온 말이다.

다른 표현은 지금도 쓰지만, 영장 먹으러 간다는 표현은 이제 사라진 듯하다. 장례 문화가 달라졌기 때문이다. 전에는 상여를 따라 장지까지 갔는데, 이제는 장례식장에서 문상을 한다.

친구가 부친상을 당했다. 옛날식으로 하면 영장 먹으러 다녀와야 했지만, 잠깐 문상만 하고 왔다.

친구 아버지의 향년이 96세라고 했다. 내 아버지보다 무려 30년을 더 사셨다. 30년이라면 엄청난 세월인데도, 별 차이가 없어 보였다.

수명이 그렇다면 다른 것도 다 마찬가지일 것이다. 재산이 많고 적은 것, 학벌이 좋고 나쁜 것, 출세를 했는지 말았는지를 따지는 것은 물론이고, 효자를 둔 것과 불효자를 둔 것도 아무 차이가 아닌 것 같다.

우리는 다만 주님 앞에 설 사람들이다.

쓸데없는 지식

"풍천에서는 대체 장어가 얼마나 많이 나는 거야? 보이는 간판마다 다 풍천장어인데, 그걸 어떻게 믿어?"

"풍천장어는 그런 얘기가 아냐."

"그럼?"

"민물과 바닷물이 만나는 곳에서 잡히는 장어를 풍천장어라고 하는 거잖아."

"그래요? 난 또 풍천이 장어가 많이 잡히는 동네 이름인 줄 알았네."

"민물과 바닷물이 만나는 곳을 풍천이라고 하지는 않는데, 민물과 바닷물이 만나는 곳에서 잡히는 장어는 풍천장어야."

"형님은 그런 걸 어떻게 다 알아?"

"내가 알아봐야 쓸데없는 걸 좀 많이 알고 다니는 경향이 있잖아."

"재미있잖아. 뭐가 쓸데없어?"

"내가 아는 것 중에 제일 쓸데없는 게 있는데…."

"뭔데?"

"악어가 영어로 뭐야?"

"앨리게이터"

"또?"

"크로커다일"

"악어를 크게 두 종류로 나누거든. 나일 악어와 갠지스 악어. 이 중에 나일 악어가 앨리게이터이고, 갠지스 악어가 크로커다일이야."

"와! 그건 정말 쓸데없겠다."

"그러게, 내 머리에는 왜 이런 게 다 들어 있지?"

사실 그렇다. 알아봐야 쓸데없는 것, 몰라도 불편하지 않은 것, 나 역시 궁금하지 않은 것은 그만 좀 정리하고, 꼭 알아야 하는 것, 알아두면 요긴한 것, 두고두고 써먹을 수 있는 것을 좀 알았으면 좋겠다.

복음은 복음이어라 ───────

몇몇 친구와 점심을 먹었다. 짜장면 먹을 사람은 짜장면을 시키고, 짬뽕 먹을 사람은 짬뽕을 시켰다. 나는 우동을 시켰다.

막 먹기 시작했는데, "이게 뭐야?" 하는 소리가 들렸다. 짬뽕을 먹던 친구 옷에 국물이 튄 것이다.

내가 우동을 택한 이유가 그런 때문이다. 우동은 국물이 튀어도 별로 표가 나지 않는다. 그리고 나는 먹을 때마다 흘리는 버릇이 있다.

내 기억에 의하면, 예전에는 짬뽕 국물이 지금처럼 시뻘 겋지 않았다. 그런데 언젠가부터 시뻘건 것을 보고, 그게 처음에는 서울식 짬뽕인 줄 알았다.

나중에 알았는데, 그게 아니었다. 사람들이 점점 강하고 자극적인 맛을 선호해서 그렇게 된 것이다. 우동이나 기스면, 울면처럼 자극적이지 않은 메뉴는 찾는 사람이 이젠 별로 없다고 한다. 중학교 국어 시간에 격음화현상, 경음화현상을 배우면서 사람들의 발음이 점점 강해지는 경향이 있다는 말을 들었는데, 입맛도 그런 모양이다.

그러면 복음은 어떻게 해야 할까? "예수님이 구세주입니다"라는 말을 더 강하게 표현하려면 어떻게 해야 할까? 예수님을 구세주로 고백하지 않으면 패 죽인다고 하면, 말귀를 알아들을까?

아! 한 가지 짚이는 것이 있다. "예수 믿으면 복 받는다", "예수 잘 믿으면 병도 낫고 부자 된다"라는 말이 그래서 생긴 모양이다.
하지만 절대 그렇지 않다. 짬뽕 국물은 지금보다 더 뻘게질 수 있겠지만, 복음은 이미 맥시멈으로 붉은색이다. 더 이상 보탤 것이 아무것도 없다.

모기 박멸 계획 ─────

사나흘 전, 잠을 설쳤다.

모기 때문이다.

그나마 모기라도 잡았으면 덜 억울할 텐데,

잡지도 못했다.

다음날 저녁,

안방 화장실에 모기가 있었다.

전날 새벽에 잠을 설치게 한 그 모기일까?

아닐 수도 있지만, 중요하지 않다.

잡으려고 했는데 계속 헛손질만 했다.

그렇다고 포기할 수는 없다.

살그머니 밖으로 나왔다.

일단 모기를 가두는 데는 성공했다.

밤,

침대에 누워 있다가 거실 화장실에 갔다.

거실에 있던 아내가 왜 안방 화장실을 안 쓰고

밖으로 나오느냐고 영문을 묻는다.

"화장실에 모기 있어요."

"그래서요?"

"굶겨 죽이려고요…."

문제는

모기가 며칠이나 굶으면 죽는지 모른다는 사실이다.

어쨌거나,

모기 아사시키기 프로젝트가 과연 성공할 수 있을까?

막내 처제 ────────

나는 처제가 많다. 나보다 처제 많은 사람 있으면 나와 보
라고 큰소리칠 수 있을 만큼 많다.

고2 때 아내가 무남 7녀, 7공주의 큰딸이었다.
고3이 되니 8공주가 되었고,
대학 다니다 방학해서 내려가 보니 9공주가 되었고,
중간에 휴학하고 군대 갔다가 휴가를 나와 보니 10공주
였다. 나는 처남은 한 명도 없고 처제만 아홉 명이다.

결혼할 때 막내 처제가 네 살이었다.
처가에 가면 쪼르르 와서 무릎에 앉곤 했다.
목말도 많이 태워줬고, 뽀뽀도 많이 했다.
(처제하고 뽀뽀해본 사람 있으면 나와보시라!)
지금은 딸 둘을 키우는 아줌마가 되었는데,
달라지지 않은 점이 있다.
네 살 때 반말을 쓰더니, 지금도 반말을 쓴다.

처제 중에 유일하다.

제주도에서 옷 가게를 한다.

메시지로 옷 사진을 보내왔다.

그러면서 하는 말,

"형부, 언니가 이 옷 예쁘대. 택배로 보낸다."

"응."

"내 계좌 알지? 그리로 5만 원 입금해. 택배비는 내가 낼
게."

처제 숫자대로 전부 옷가게를 했으면 큰일 날 뻔했다.

장사를 하는 처제가 한 명뿐이어서 정말 다행이다.

장모님께 고맙다고 해야 할까?

참다운 참 ─────

우리나라에 원양어업이 시작된 때는 조국 근대화니 수출
증대니 하는 말이 늘 들리던 시절이었다. 고작해야 근해
에서 고등어, 명태, 정어리, 오징어만 잡다가, 부푼 꿈을
안고 망망대해로 나갔을 것이다.

뭔가를 잡았다. 상당히 큰 물고기다. 과연 멀리 나온 보람
이 있다. 그런데 이름을 아는 사람이 없었다. 지금까지 그
런 물고기를 잡아본 적이 없기 때문이다. 이름을 짓기 위
해서 머리를 맞대야 했다.
갈치, 멸치, 꽁치, 넙치, 준치, 삼치, 쥐치, 장치, 도치, 버들
치, 누치, 가물치…. 물고기는 '치'자 돌림이 많다. 그래서
'치'자를 먼저 생각했을 것 같다. 그렇게 해서 지어진 이름
이 참치다. 어쩌면 그 자리에 있던 사람들한테는 자기들
이 잡은 물고기가 물고기 중에서도 진짜 물고기로 보였
을 것 같다.

그러고 보니 이름에 '참'이 들어가는 것이 참 많다. 참새, 참깨, 참기름, 참가자미, 참개구리, 참나무, 참외, 참돔, 참조기, 참매미, 참매, 참붕어, 참빗, 참새우, 참고둥, 참고래, 참돌고래, 참나리, 참나물, 참개암나무, 심지어 참이슬까지, 수두룩하다.

대체 기준이 무엇일까? 참새가 참새면 다른 새들은 가짜 새일까? 다른 새들이 들으면 기가 찰 노릇이다.

뭔가 사연이 있기는 할 것이다. 참외는 물외가 아니니까, 참붕어는 떡붕어가 아니니까, 참깨는 들깨가 아니니까…. 하지만 이해되는 것보다 이해되지 않는 것이 훨씬 많다.

수긍이 되는 것은 참조기 하나뿐이다. 원래는 조기였다. 그런데 비슷하게 생긴 부세나 수조기 등이 자기들도 조기라고 하는 바람에, 그들과 차별화하기 위해서 참조기라고 하게 되었다. 가만히 있다가 부세나 수조기와 동급이 되면 억울하지 않은가? 가짜가 진짜 행세를 하니, 진짜는 참을 붙여 더 진짜임을 강조하게 된 현실이 씁쓸하다.

232

참는다는 말을 많이 하는 사람일수록 참을성이 없고, 사실이라는 말을 많이 하는 사람일수록 거짓말을 많이 한다고 하니, 참이라는 얘기가 자주 들리는 게 그리 바람직한 풍토는 아닌 것 같다.

혹시 나중에는 참한우, 참흑돼지, 참삼겹살, 참갈비 같은 단어도 생기는 것이나 아닌지 모르겠는데, 그 정도는 차라리 괜찮다. 참교회, 참성도, 참목사, 참당회, 참선교, 참크리스천 같은 말이 생기는 일은 정말 없어야 한다.

입법 제안 ————

미국은 상당히 거대한 나라다. 대서양에서 태평양까지 이르는 대륙이다. 땅덩어리가 워낙 넓다 보니, 나라 안에서도 시차가 있다. 알래스카에서 자정이면 뉴욕에서는 오전 4시다.

워낙 땅이 넓고 지역마다 특색과 발전 과정이 다르니, 각 주의 필요에 따라 다른 주에 없는 독특한 법을 만들기도 한다. 그런데 법을 만들기만 하고, 시대가 바뀌어도 고치거나 없애지 않다 보니 우스꽝스러운 법도 더러 있다.

캘리포니아주에는 쥐덫은 사냥 면허증을 가진 사람만 놓을 수 있다는 법이 있다. 아마 쥐가 극성을 부리는데, 엉터리 쥐덫 때문에 입는 피해가 늘자 만든 법일 것이다.

네바다주에는 낙타를 타고 고속도로에 나오면 안 된다는 법이 있다. 네바다주에 사막이 있다는 사실을 생각하면 이해가 된다. 아마 누군가 낙타를 타고 사막을 여행하다가 고속도로에 진입한 적이 있는 모양이다.

이 외에도 "모든 고속도로에서는 새들에게 우선권이 있

다(유타주)", "개 앞에서 인상 쓰면 구속, 구금할 수 있다
(오클라호마주)", "아내의 머리칼은 남편 소유다(미시간
주)", "쓰레기, 먼지를 양탄자 밑에 넣는 것을 금한다(펜실
베니아주)", "물구나무로 길을 건너는 자는 벌금형에 처한
다(코네티컷주)", "코끼리를 공원에 묶어두면 주차료를 내
야 한다(플로리다주)", "남편은 한 달에 한 번 아내를 때려
도 된다(아칸소주)" 등의 법이 있다.

우리도 법을 하나 만들면 어떨까?

"우리의 행위는 항상 신앙을 원칙으로 해야 한다."

이 세상에 있는 모든 법은 시대가 달라졌다는 이유로 무
시할 수 있지만, 이 법만큼은 꼭 지켜야 한다. 하나님은
쥐덫 놓는 사람에게 면허증이 있는지 없는지 신경 쓰지
않으신다. 아내의 머리칼에 대한 소유권이 누구에게 있
는지도 신경 쓰지 않으시고, 공원에 묶어둔 코끼리 주차
요금이 얼마나 나왔는지도 신경 쓰지 않으신다.

하지만 우리가 과연 주님을 제대로 따르는지는 신경 쓰
신다. 하나님이 신경 쓰시는 문제라면, 우리 역시 신경 써
야 한다.

유정란 ─────

형은 달걀을 달걀이라고 하지 않는다.

홍길동이 아버지를 아버지라고 못한 것은 서자이기 때문인데, 형이 달걀을 달걀이라고 하지 않는 것은 방사 유정란이라는 말을 좋아하기 때문이다. 나는 달걀이라고 하는데, 한사코 방사 유정란이라고 한다.

일단 닭을 풀어놓아서 기르니까 '방사'는 맞다.

문제는 그다음이다. 수탉 한 마리에 암탉이 여덟 마리인데, 과연 유정란이 맞을까? 암탉들이 아무리 줄을 서서 기다려도 차례가 안 돌아갈 수 있지 않을까?

유정란과 무정란을 비교한 동영상을 본 적이 있다. 달걀을 깨뜨려서 노른자에 이쑤시개를 세우는 것이다. 무정란에는 이쑤시개가 서지 않고 금방 쓰러지고 만다. 그런데 유정란에는 제법 오래 선 상태를 유지한다. 노른자의 점도에 차이가 있다는 뜻이다. 그러면 성분에도 차이가 있을 것이고, 맛에도 차이가 있을 수 있기는 하겠다.

아무리 그래도 그걸 무슨 수로 구별할까? 내 입에는 그냥 달걀이다. 그런데 형은 한사코 방사 유정란이 훨씬 맛있다고 한다. 무정란에 없는 고소한 맛이 있다는 것이다. (그럼 형 말이 맞다고 해야 한다. 계속 우기면 삐칠 수 있다.)

내가 듣기로 암탉과 수탉 비율이 10대 1까지는 유정란이라는 이름으로 출하할 수는 있다고 한다. 유정란이라는 이름으로 팔리기는 하지만, 실제로는 아닐 확률이 있다는 뜻이다.

하기야 유정란인지 아닌지 무슨 수로 분별할까? 암탉과 수탉을 불러서 간밤에 무슨 일이 있었는지 일일이 물어볼 수도 없다.

갑자기 우울해진다. 유정란일 확률이 있으면 무조건 유정란으로 인정한다는 사실 때문이 아니다. 혹시 신자일 확률이 있다는 이유만으로 우리끼리 신자로 인정하는 것은 아닐까 하는 생각 때문이다.

유정란과 무정란이 구별이 안 되는 것처럼, 교회 안에 있는 불신자 역시 구별되지 않는 것을 어떻게 할까?

내가 왜 이렇게 됐을까?

나는 불신 가정에서 자랐다.

초등학교 5학년 때 처음 교회에 발을 디뎠다.

당시 기르던 개가 새끼 세 마리를 낳았다.

학교에 갔다 오면 강아지들과 노는 것이 일과였다.

그러던 어느 날, 강아지들이 시름시름 앓기 시작했다. 가축병원에 데려가니 홍역이라고 했다.

간절히 기도했다. 교회에서 분명히 기도하면 하나님이 들어주신다고 배웠다. 그런데 한 마리가 죽었다. 그래도 실망하지 않고 더 열심히 기도했다. 잠시라도 기도를 쉬면 강아지가 죽을까 봐, 거짓말 조금 보태서 정말 쉬지 않고 기도했다. 잠잘 때 빼고는 종일 기도한 것 같다.

그런데 또 한 마리가 죽었다. 하지만 마냥 슬퍼할 수 없었다. 아직 한 마리가 남았다. 그 한 마리라도 살려주시면 하나님을 너그럽게 '용서해주려고' 했다. 정말 필사적으로 기도했다. 그런데 그마저 죽었다.

기도하면 들어주신다고 배운 것은 다 거짓말이었다. 그

일 이후로 교회에 발을 끊었다. 교회 선생님이 아무리 찾아와도 요지부동이었다. 두 번 다시 교회 근처에는 안 가기로 굳게 결심했다.

중학교를 졸업하고 고등학교 입학 전이었다. (시간이 남아 돌 때였다.) 하루는 초등학교 동창 여학생들이 교회 가자며 단체로 찾아왔다. 모두 일곱 명이었다. 그 나이에 여학생 말을 거부할 수 있는 남학생이 있을까? 흔쾌히 따라갔다. 1초도 망설이지 않았다. 역시 사람 마음은 믿을 게 못된다. 두 번 다시 교회 근처에 안 가기로 굳게 다짐한 결심은 그렇게 무너졌다.

고등학교 2학년이 되었다. 태풍이 몰아치는 날이었다. 수요예배에 갔더니 아무도 없었다. 그날, 전도사님과 1대 1로 예배를 드리면서 (목사님이 안 계신 시골 교회였다) "저는 이다음에 목사가 되겠습니다"라는 서원을 했다.
나중에 부모님께 그 얘기를 했다가 하마터면 쫓겨날 뻔했다. 하기야 교회도 몰래 다니는데, 신학교에 가서 목사가 되겠다고 했으니 그럴 만도 했다.

시간이 지났다. 대학 졸업하고 직장 생활하다가, 남보다 조금 늦게 신학을 해서 목사가 되었다. 대형 마트에서 우연히 대학 동기를 만났다. 오랜만이라고 악수를 하고, 어떻게 지내느냐는 얘기에 목사라고 했더니 놀라는 표정으로 물었다. "아니, 어쩌다 그렇게 되어버렸냐? 너, 성적도 좋았잖아."

그 말이 참 재미있었다. 내가 어쩌다 이렇게 되어버렸을까? 다시는 교회 안 가기로 굳게 다짐했으면서도 지키지 못했기 때문일까?

매일의 기도 ─────

아침 식탁에서 기도를 한다.

메뉴는 달라도 기도 내용에는 별 차이가 없다.

"오늘 하루도 저로 지혜롭게 하시고 성실하게 하옵소서"라는 기도가 빠지지 않는다.

한번은 문득 '하나님이 왜 그렇게 하셔야 하지?'라는 생각이 들었다.

하나님이 나를 지혜롭게 하시면 설교 원고를 쉽게 쓸 수 있을 것이다.

그러면 차라리 지혜롭게 하지 말아서, 하루 종일 머리 싸매고 끙끙대게 하는 것이 나한테 더 유익이 아닐까?

성실을 구한 것도 그렇다. 하나님이 나를 성실하게 해야 할까, 내가 정신 차려서 성실해야 할까? 혹시 내가 감당해야 할 책임을 하나님께 떠넘기는 것은 아닐까?

결론을 내리지 못했다. 그래서 지금도 매일같이 지혜와 성실을 구한다.

하루는 메뉴가 특이했다. 여름 보양식의 으뜸이라는 민어탕이다. 기도 레퍼토리가 살짝 달라졌다.

"하나님, 제가 이 몸뚱이를 위해 이걸 먹습니다"라고 하는 순간, 와락 눈물이 솟구쳤다.

아침을 먹으면 그다음 일과는 고정되어 있다. 평소와 다르게 할 일이 없다. 그런데 무슨 보양식을 따로 챙겨 먹는 걸까? 그렇다고 특별히 열심을 부릴 것도 아닌 게 뻔하니, 오늘 하루는 참 면목 없을 것 같다.

알아야 한다는 면장

알아야 면장을 한다는 말이 있다. 자리가 주어져도 아는 것이 있어야 행세를 할 수 있다는 뜻 같다. 면장에서 면사무소의 우두머리를 떠올린 것이다. 그럼 한자로 面長이 될 것이다.

그러면 따져보자. 면사무소라는 행정 조직은 일제강점기에 만들어졌다. 조선시대에는 면장 대신 현령이나 사또가 있었다. 그런데 우리 선조는 일제강점기 이전부터 이 말을 쓰지 않았을까?

알아야 면장을 한다는 말은 알아야 면사무소 우두머리를 한다는 뜻이 아니다. 본래 "알아야 면면장(免面牆)을 한다"이다. 알지 못하면 담벼락을 마주 대한 것처럼 답답한 상태일 수밖에 없으니, 그런 상태를 면하려면 알아야 한다는 것이다. 〈논어〉에서 공자가 한 말이다.

그런데 '면'이 중복된 탓인지, 언제부터인지 '면' 자 하나가 빠져서 면장으로 둔갑했다. 공교롭게도 우리나라 행정 단위에 면사무소가 있다 보니, 알아야 면장을 한다는 말에서 면사무소의 우두머리를 떠올리는 모양이다.

그것이 무슨 상관일까? 알아서 면장을 하든지 알아서 면면장을 하든지, 어쨌든 알았으면 좋겠다.

일찍이 호세아 선지자는 이스라엘이 여호와를 아는 지식이 없어서 망한다고 탄식했다.

할 수만 있으면 우리는 그리스도를 더욱 알아야 하는 사람들이다.

주일에 마시는 커피 ────

복어에서는 솔 향이 나고, 은어에서는 수박 향, 빙어에서는 오이 향이 난다고 한다. 그런데 나는 아무리 혀에 신경을 곤두세워서 맛을 음미해도 느껴지지 않는다.

커피라고 해서 다를까? 커피에는 쓴맛만이 아니라 신맛도 있다고 하는데, 역시 느껴지지 않는다.

하기야 커피라고는 아메리카노와 에스프레소를 구별하는 것이 고작인 내가 그런 미묘한 맛을 무슨 수로 분간할까?

자고로 커피는 설탕 맛이다.

내 입에는 그저 믹스커피면 족하다.

한때는 매일 두세 잔씩 마시곤 했다. 그런데 몸에 안 좋다고 한다. 그래서 이제는 주일에만 한 잔 마신다.

몸에 안 좋은 것을 왜 하필 주일에 마시느냐고 할 분이 계실까? 몸에 안 좋은 것을 주일에 마시는 것이 아니다.

맛있는 것을 주일에 마시는 것이다.

주일이면 피곤하기도 하니 제격이기도 하다.

어떤 건강식 ────

매주 교회 청소를 하는 분이 계시다. 한때는 도와달라고 오시는 분이었는데, 내가 조심스레 청소를 하실 수 있겠느냐 여쭸더니 흔쾌히 응낙하셨다.

이 어르신은 칠십이 족히 넘으셨을 것 같은데, 구석구석 참 정성스럽게 청소하신다. 대충 하셔도 된다고 몇 번 말씀드렸는데, 안 들으신다.

가끔 뭘 갖고 오신다. 은행을 갖고 오기도 하셨고, 집에서 만들었다며 과자를 갖고 오신 적도 있다. 그깟 청소를 맡긴 것으로 상전 대접 받는 것 같아 마음이 불편한데, 몇 번을 말씀드려도 안 들으신다. 청소하는 요일이 아닌 때 오셨다가, 내가 교회를 비웠으면 그냥 놓고 가기도 하신다.

한번은 교회 구석에 있는 빈 화분을 가리키며 꽃을 심겠다고 하시기에 그런 것에 신경 쓰실 필요 없다고 말씀드렸지만, 결국 뭔가를 갖다 심으셨다.

하루는 문고리에 검정색 봉지가 걸려 있는 것을 보았다. 비닐팩에 들어 있는 음료였다. 이 어르신이 왜 이런 걸 갖다 두셨나 싶었다. 이런 게 있으면 연세를 생각해서라도 당신이 드셔야지, 왜 갖고 오신단 말인가? 마음은 안 좋았지만 일단 냉장고에 두었다가 다음 날 하나를 먹었고, 그다음 날 또 하나를 먹었다. 하나가 남았다.

점심을 먹고 들어오니 어르신이 화분을 매만지고 계셨다. 꽃인지 나무인지 몰라도, 뭔가 심겨 있기는 했다.

어르신이 나한테 물었다.

"비닐에 든 걸 여기에 두고 갔는데, 어디 치우셨나요?"

"제가 먹었는데요….."

"그거 나무 영양제에요! 나무를 옮겨 심은 다음 물에 희석해서 주는 거거든요."

허걱! 'Oh, My God!'이 이럴 때 쓰는 말이던가?

그러고 보니 마실 때 나무 냄새가 나는 것 같기도 했다. 한자로 '추출액'이라고 쓰여 있었는데, 작은 글씨는 성가셔서 안 읽었다.

그나저나 이 일을 어떡할까? 나무에 좋은 것이라니 사람한테도 좋지 않을까? 어쩌면 머리카락이 잘 자랄지도 모르겠다.

누이동생의 유언

누이동생이 두 살 터울이다. 위암 말기 판정을 받았다. 매주 혹은 격주로 서울과 제주를 오가면서 항암 치료를 받았고, 그때마다 운전기사 노릇을 했다. 내 다이어리에는 누이동생 픽업 스케줄이 빼곡히 기록돼 있었다.

서울 오는 날엔 공항에 가서 누이동생과 매제를 픽업해 병원까지 태워다주고, 다음 날은 병원에서 픽업해 공항에 내려주었다.

몇 달을 그렇게 했을까? 처음에는 항암 효과가 있는 듯했는데, 어느 시점부터 약이 듣지 않았다. 누이동생은 점점 야위기 시작했다.

그리고 전화가 왔다. 항암 치료를 그만 받고 호스피스 시설에 들어간다는 것이었다. 가슴이 철렁 내려앉았다.

위암 말기라는 말을 들었을 적에 누이동생이 고생하겠다는 생각만 했지, 이런 사태는 생각해보지 않았다. 항암 치료 효과가 없다는 말을 들으면서도, 약을 바꾼다든지 뭔가 방도가 있을 줄 알았다. 그런데 치료를 포기한다는 것이다.

호스피스 시설에 들어가면 코로나 때문에 면회가 안 된다고 했다. 누이동생을 마지막으로 보려고 제주도에 다녀왔다. 일주일 사이에 훨씬 더 말라 있었다. 아무것도 못 먹고 잠도 못 잔다고 하니 그럴 수밖에 없다.
정상인도 하루 종일 굶으면 수척해진다. 잠을 제대로 못 자도 그렇다. 하물며 말기 암 환자가 먹지도 못하고 자지도 못하니, 하루가 다르게 야윌 것이 뻔하다.

호스피스 시설에 도착했다. 누이동생한테 작별 인사를 해야 한다. 내가 어떤 말을 할 수 있을까? "예수 잘 믿다가 천국에서 보자. 거기 가면 어머니, 아버지도 계실 거다. 먼저 가서 기다려라" 말고는 할 말이 없었다.

누이동생이 대답했다.
"오빠 미안해. 오빠 미안해."

"오빠 미안해"가 나한테 남긴 유언인 셈이다.

뭐가 그리 미안했을까? 나한테 빌린 돈이 있는 것도 아니다. 그런데 미안하다고 했다. 나한테 꼭 하고 싶은 한마디가 미안하다는 말이었다.

살아 있는 사람은 살아가는 것이 책임인 모양이다. 그 책임을 못해서 미안하다는 뜻이겠지….

누이동생이 임종실로 옮겼다고 한다. 다 탄 양초 한 자루가 마지막 불꽃을 깜빡이고 있다는 얘기다. 수명이 얼마나 남았을까? 이제 내려가면 누이동생 얼굴을 한 번 더 볼 수 있겠지.

소설가 최인호가 한 말이 있다.

"소설가는 어머니 장례식장에서조차, 이 장면을 나중에 어떻게 묘사할까를 생각하는 아주 잔인한 직업이다."

설교자라고 다를까? 우리가 예수 생명으로 사는 사람이라면 그 생명으로 사는 것이 책임이다. 그 책임을 못 하는 것은 미안한 일이다. 그 책임을 져야 하는 사람한테는 미안한 것으로 끝나지 않는다. 무엇보다 주님께 송구한 일이다. 그런 일은 절대 없어야 한다.

할 줄 아는 것 —————

지방에 문상 갈 일이 있었다. 중간에 들른 고속도로 휴게소에서 카페를 찾았다. 나와 비슷한 나이로 보이는 아주머니가 주문을 받았다.

주문한 커피가 나와서 손을 뻗어 받으려는데, 커피를 건네주시는 것이 아니라 엉뚱하게 내 손을 덥석 잡으며 말했다. "이런 손으로는 뜨거워서 못 받아요. 일 안 한 게으른 손!" 그러면서 컵 홀더를 끼워주셨다. 얼굴이 화끈 달아올랐다.

나는 손이 고운 편이다. 일 안 한 게으른 손이 맞다. 집이 시골이었기 때문에 동창들은 다 밭일을 하며 자랐는데, 나는 한 번도 해보지 않았다. 밭일만 안 해본 것이 아니다. 남들 다 하는 제기차기나 연날리기, 자치기도 해본 적이 없다. 대체 뭘 하며 자랐을까?

소독차가 지나가면 온 마을 아이들이 다 그 뒤를 쫓아간다. 딸이 어렸을 때도 소독차를 쫓아 뛰어다녔으니 세대를 아우르는 놀이 문화인 셈이다. 그런데 나는 온 동네 아이들이 다 쫓아가는데도 혼자 멀뚱멀뚱했었다. 왜 뛰어야 하는지 이해가 안 되었다.

결혼을 했다. 요즘은 포장 이사를 하지만, 그때는 이사를 하려면 일일이 짐을 묶어야 했다. 그런데 이상한 일이었다. 아내가 묶은 것은 가만히 있는데, 내가 묶은 것은 죄다 풀어졌다. 이사 중간에 풀어지면 오히려 곤혹스럽다. 그래서 나는 아무것도 하지 말고 가만히 있는 것이 도와주는 사람이 되었다.

신학생이 되었다. 친구들과 야외로 놀러가기로 하고 모여서 준비물을 분담하는데, 한 친구가 나서서 "고기는 내가 챙겨 올게, 송 전도사는 과일 챙겨 오고, 김 전도사는 야채 준비하고…"라고 하다가 나를 보며 말했다. "강 전도사는 그냥 몸만 와." 내가 답했다. "내가 무슨 수로 가? 난 길 몰라. 태우러 와야지."

어느 집안에서나 벌초를 한다. 제주도 사람들은 특히 벌초를 중요하게 여기는 것 같다. 서울에 올라와 있는 동창들이 제법 되는데, 벌초 때가 되면 다 내려가곤 한다.

우리 집안에서도 벌초를 하는데, 주일에 하기 때문에 나는 늘 열외였다. 그런데 작년에는 토요일에 했다. 주일 하루 전이어서 부담되기는 했지만, 마음만 먹으면 못 갈 것은 없다. 그동안 불참한 것이 미안하기도 했다.

형한테 전화했다.

"벌초하면 보통 몇 시쯤 끝납니까?"

"한시 반이면 끝나지. 왜?"

"가려고."

"너도 내려오려고? 와서 뭐 할 건데?"

듣고 보니 그랬다. 말로는 벌초하러 내려간다고 했지만, 내가 가서 뭘 할까?

"그냥 기웃기웃하지 뭐."

"야, 오지 마! 신경 쓰여."

이렇게 해서 집안 행사에도 '따'를 당했다.

가끔 딸이 묻는다. "아빠는 할 줄 아는 게 뭐야?"

글쎄, 내가 할 줄 아는 게 뭐가 있을까? 정말 아무것도 없는 것 같다. 나는 대체 왜 태어났을까?

아! 하나 있다. 성경을 설명하는 것은 잘한다. 그것 하나는 자신 있다. 정말 다행이다.

굼벵이도 구르는 재주는 있는 법이다.